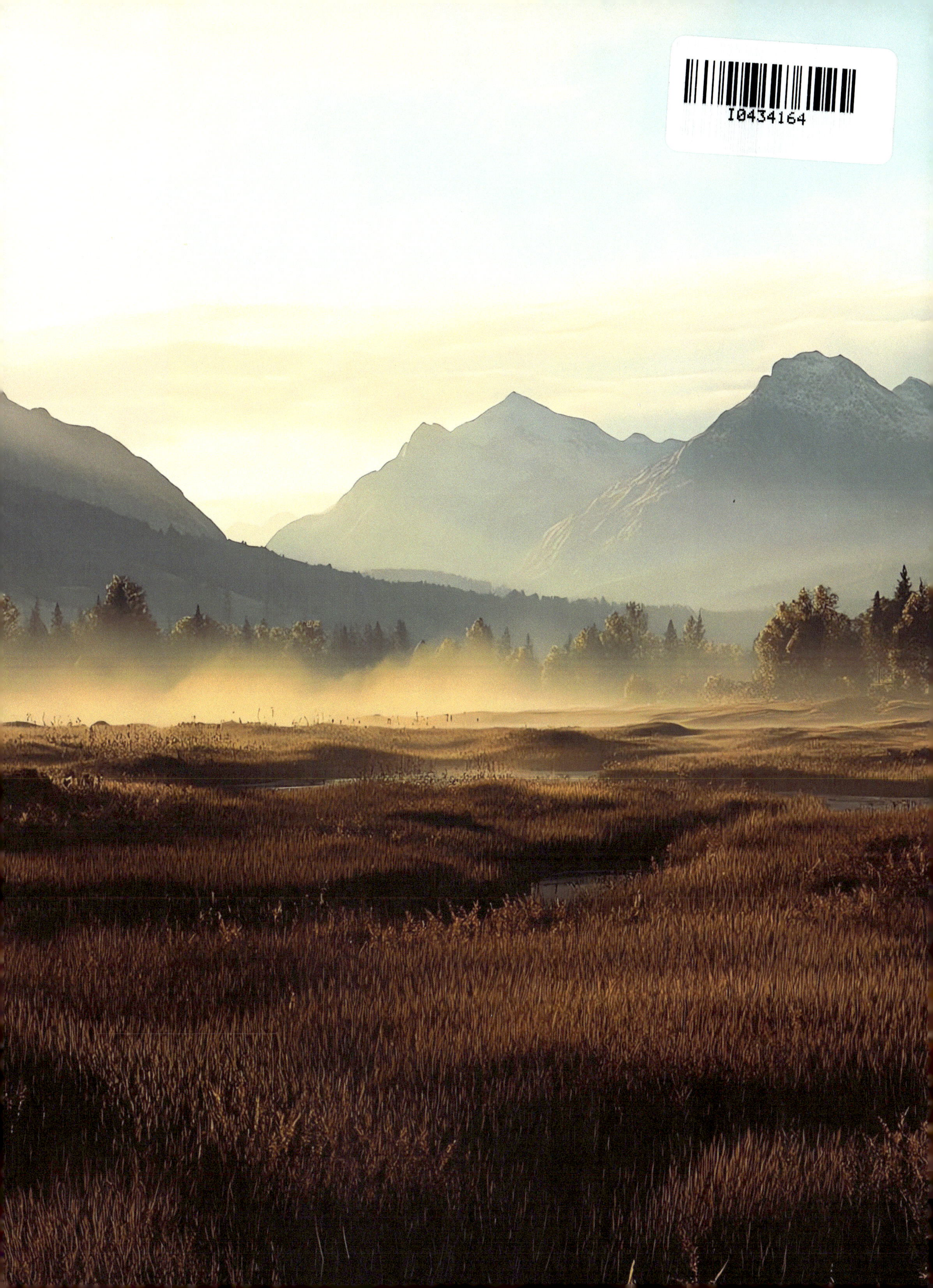

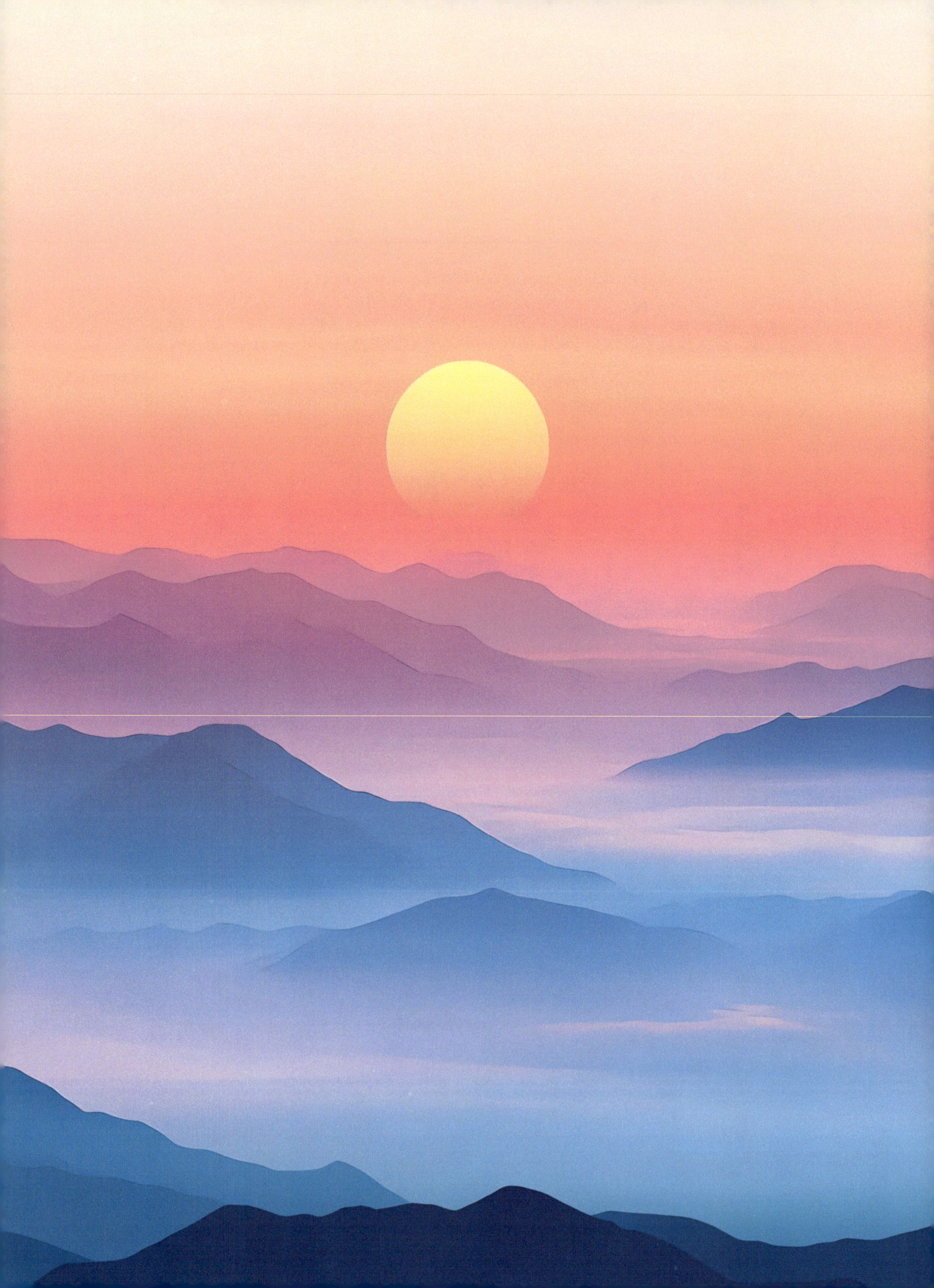

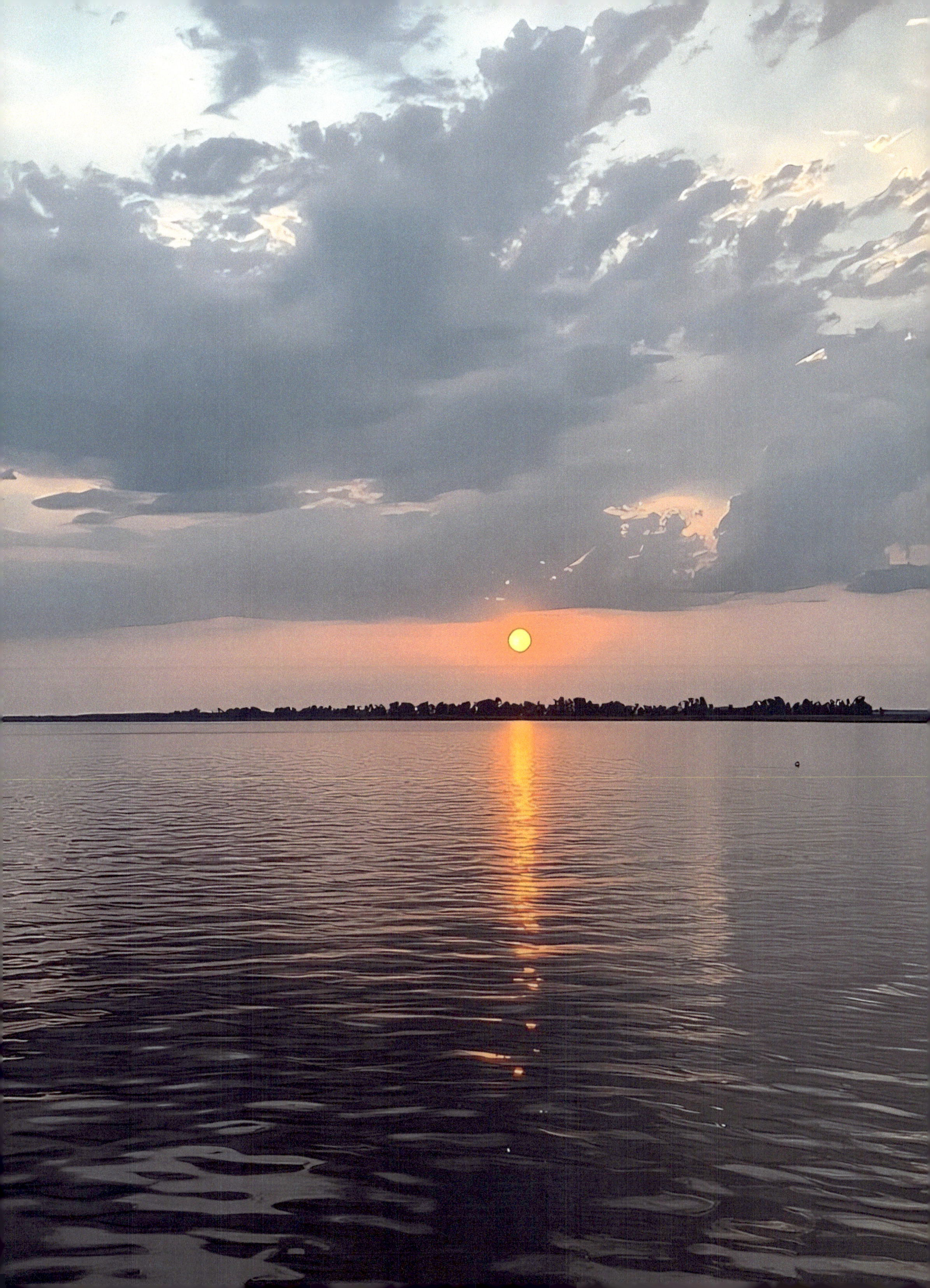

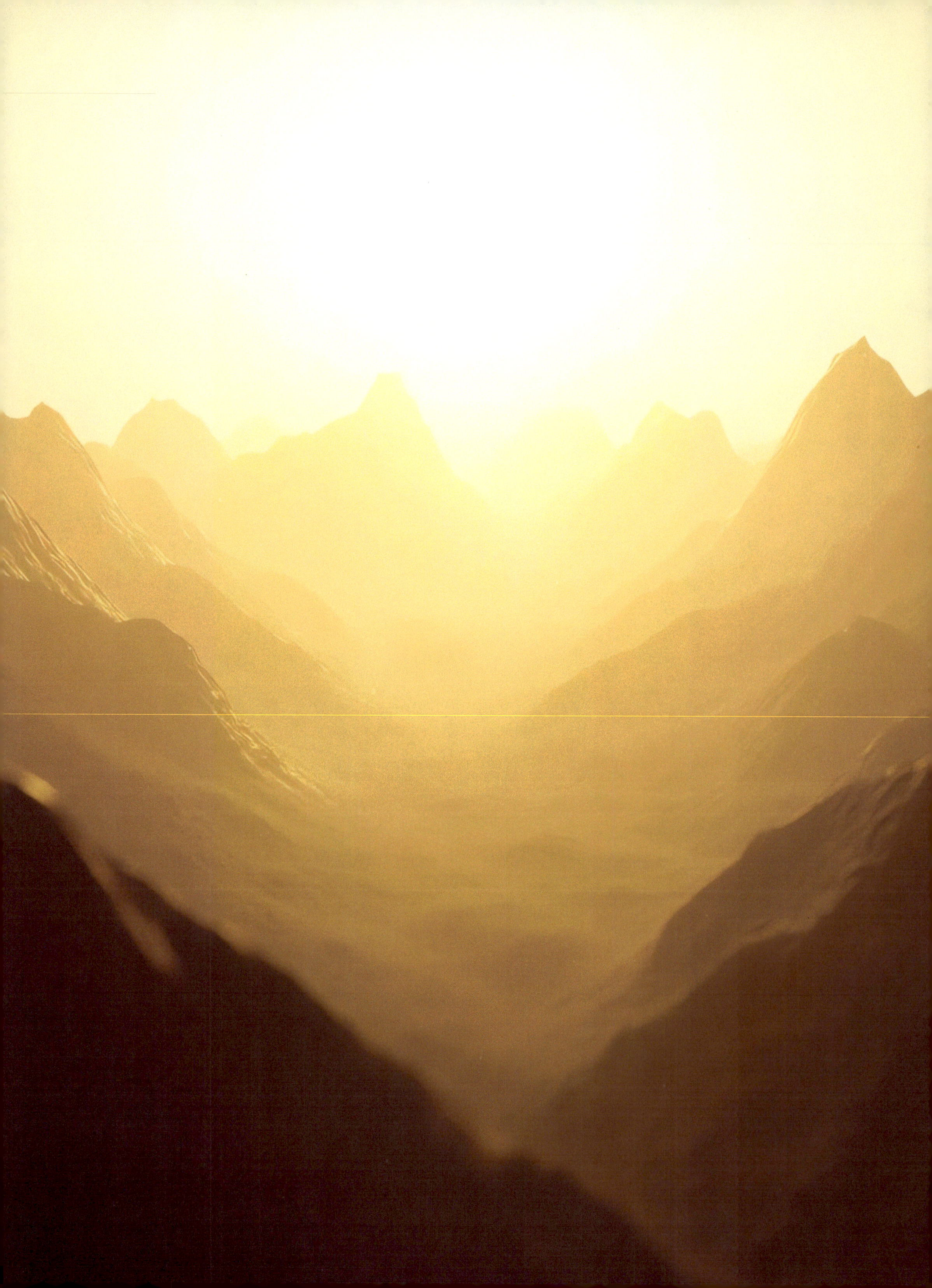

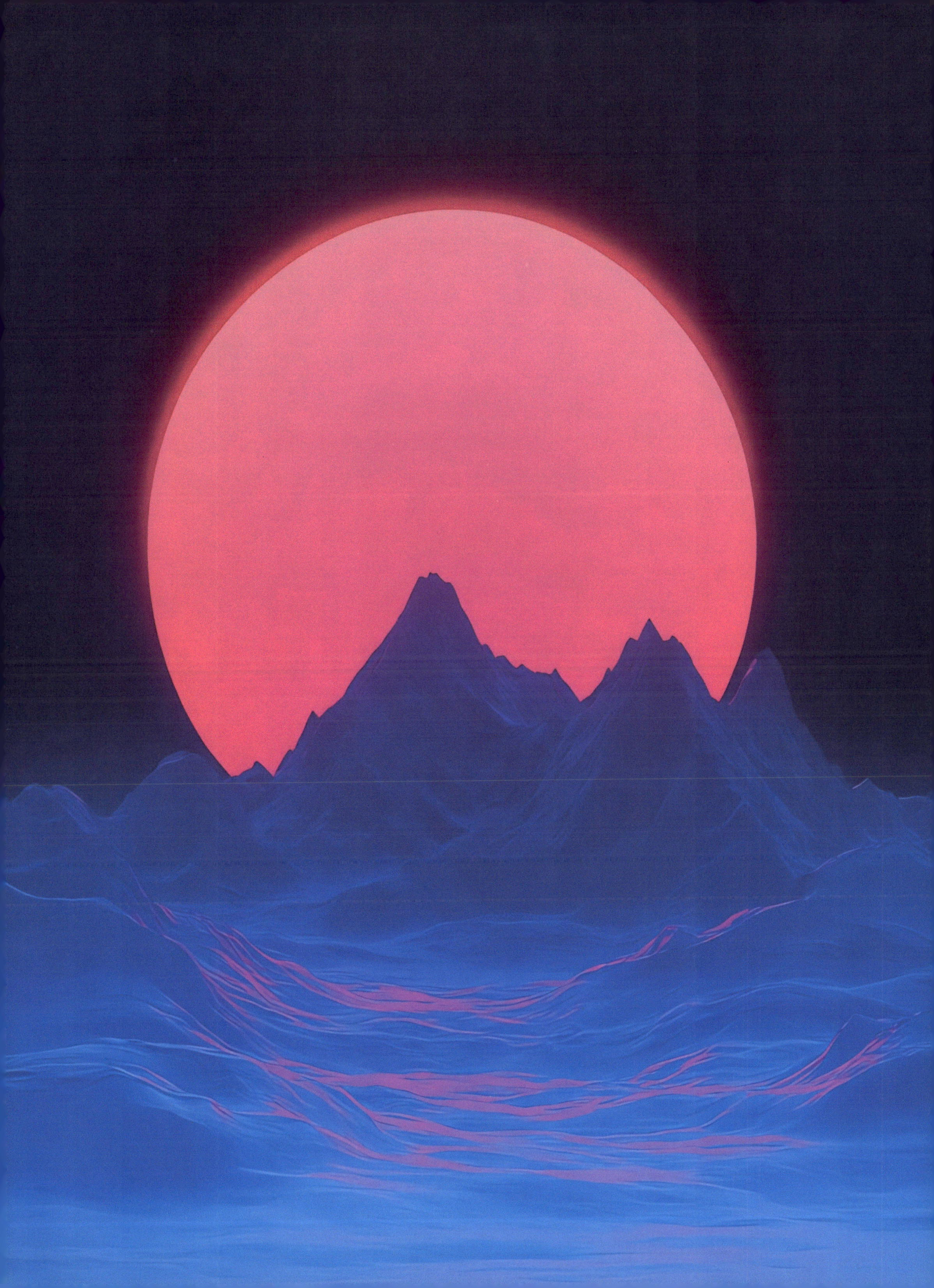

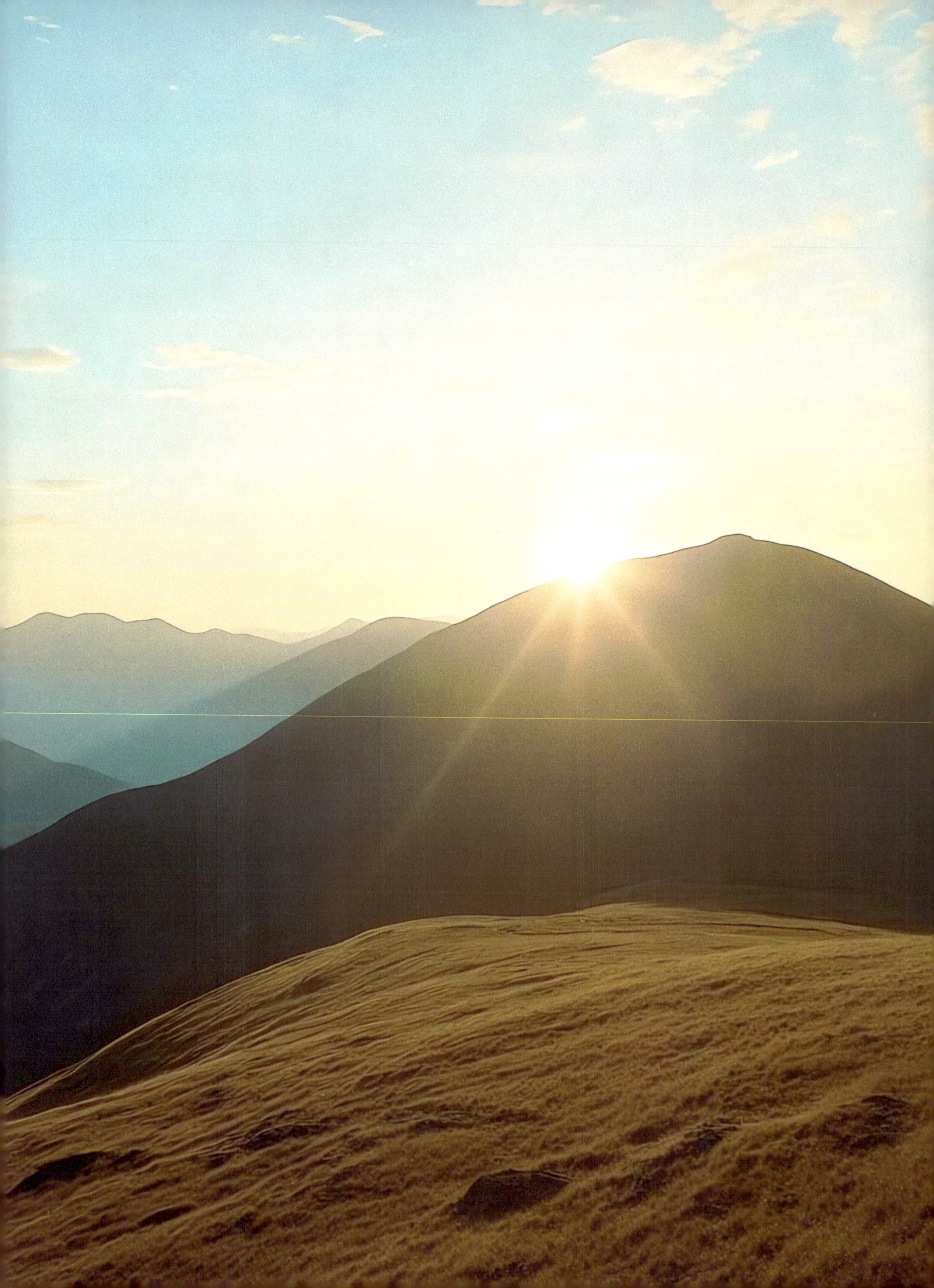

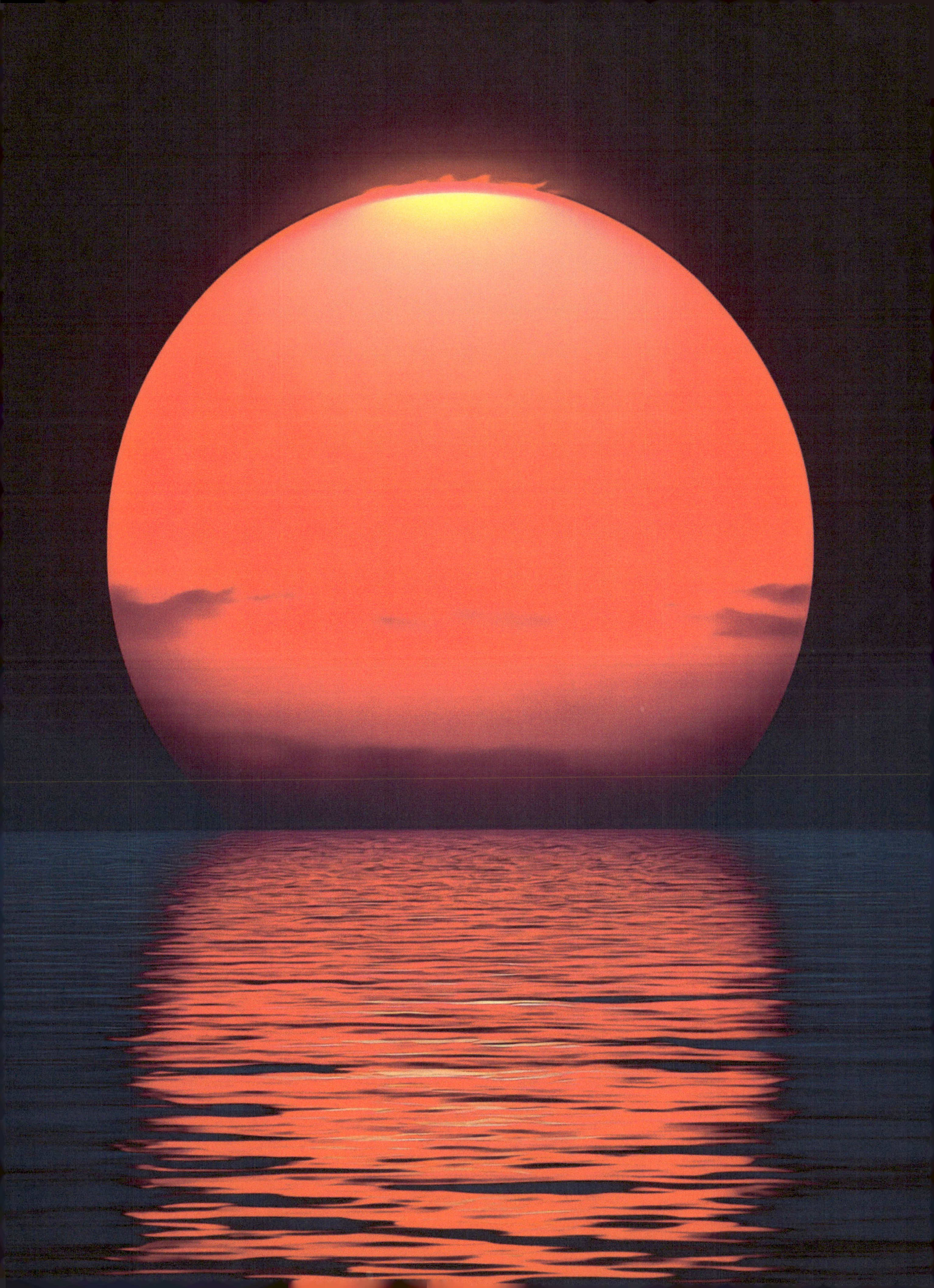

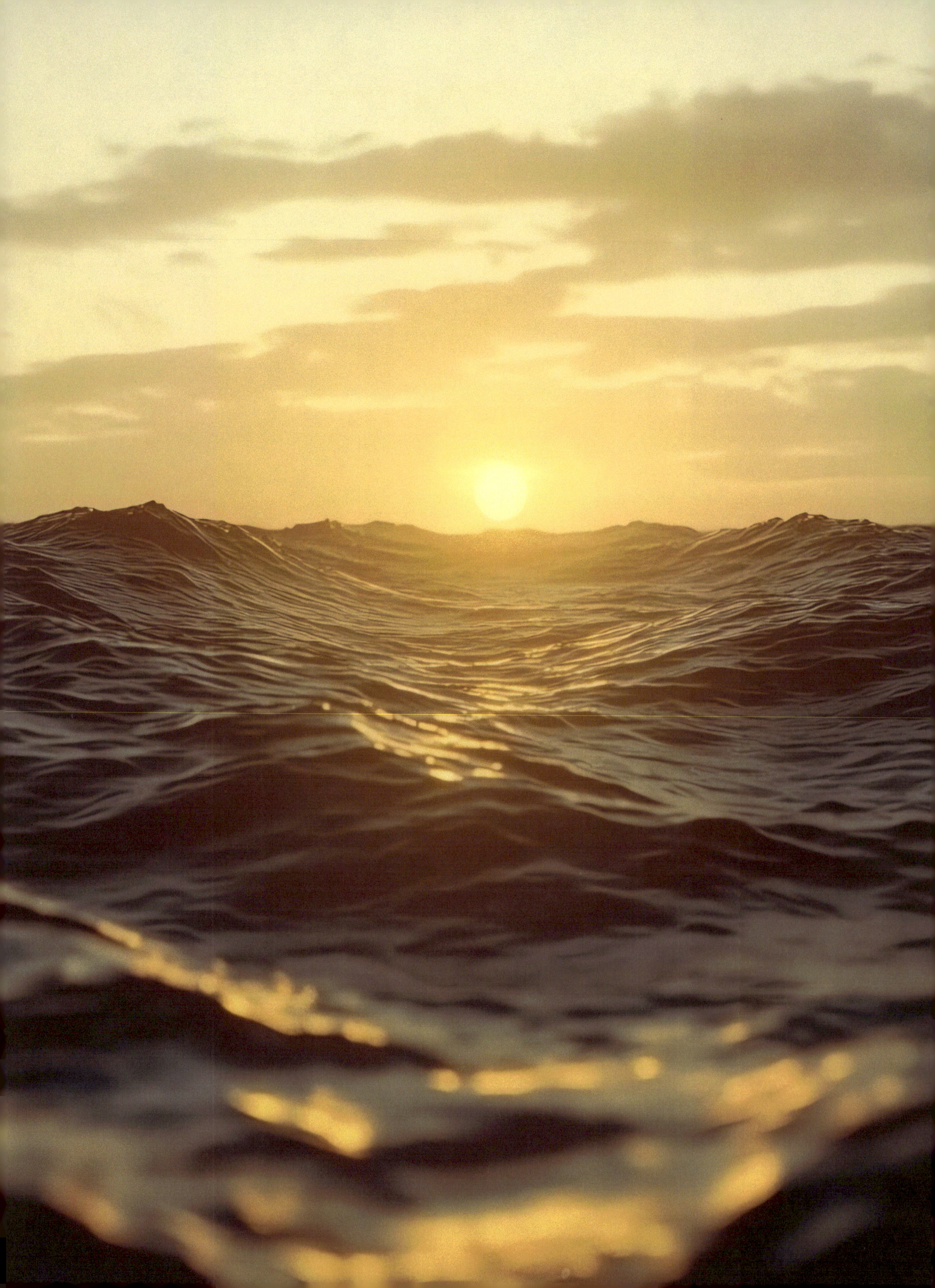

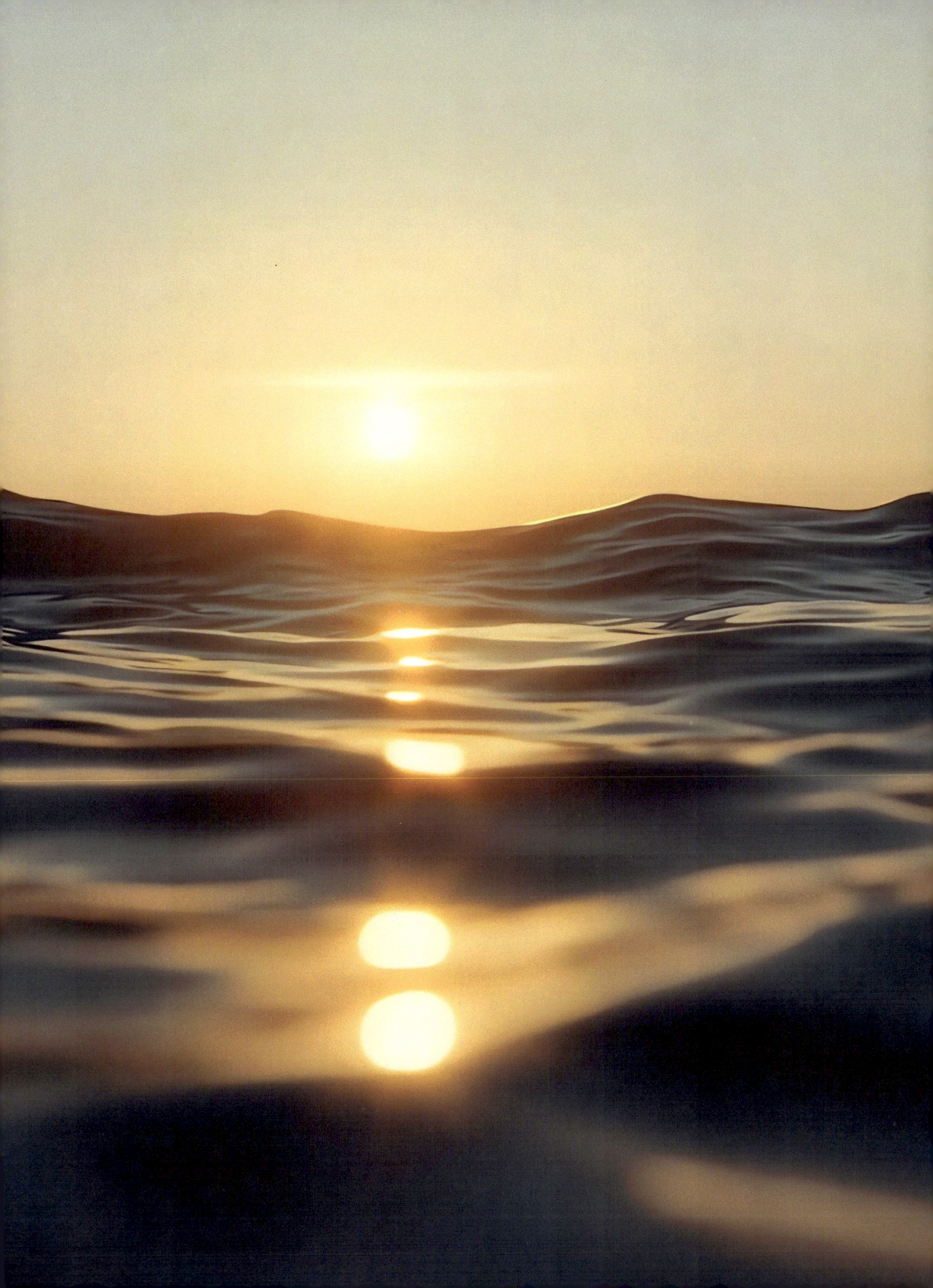

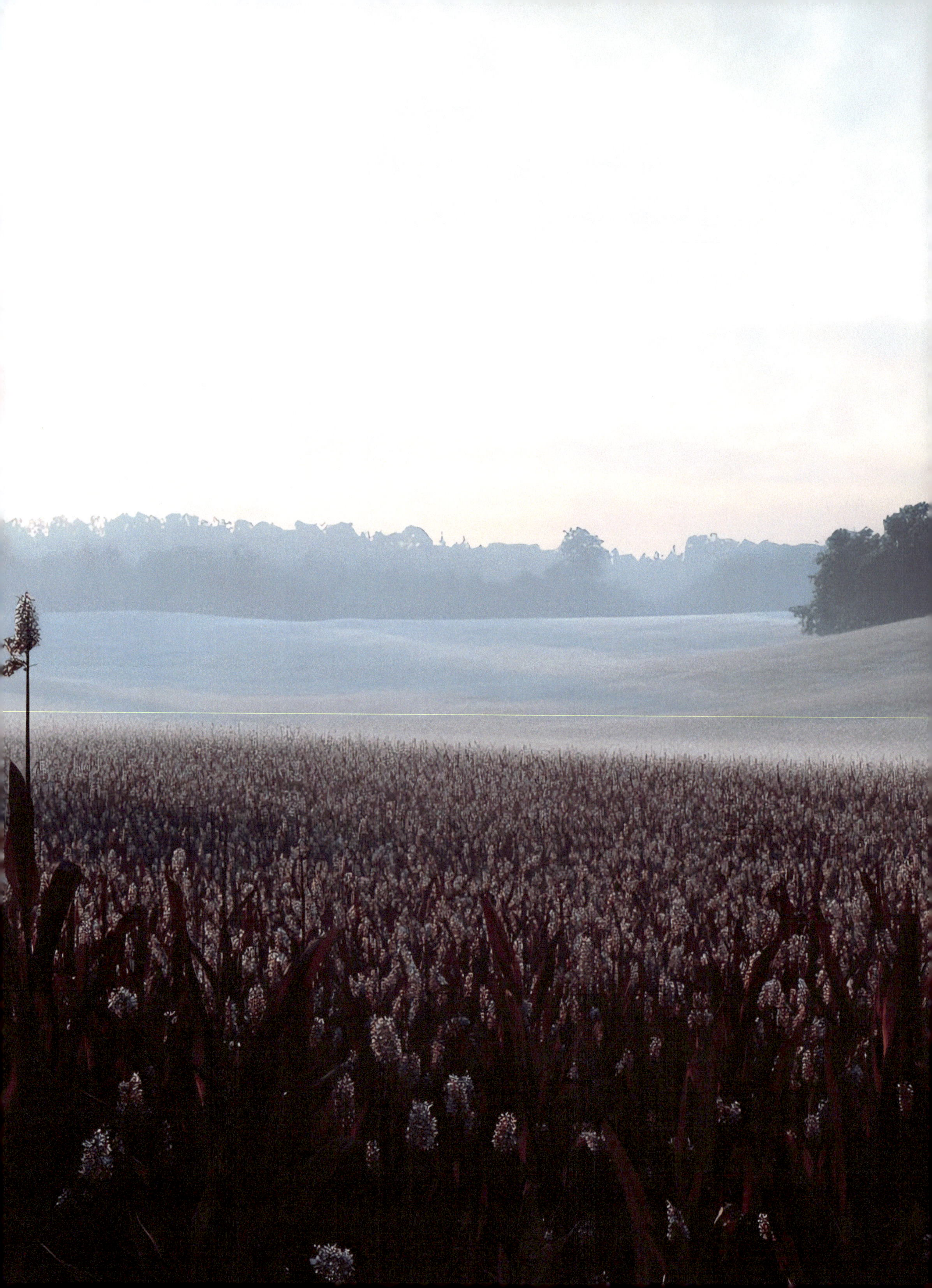

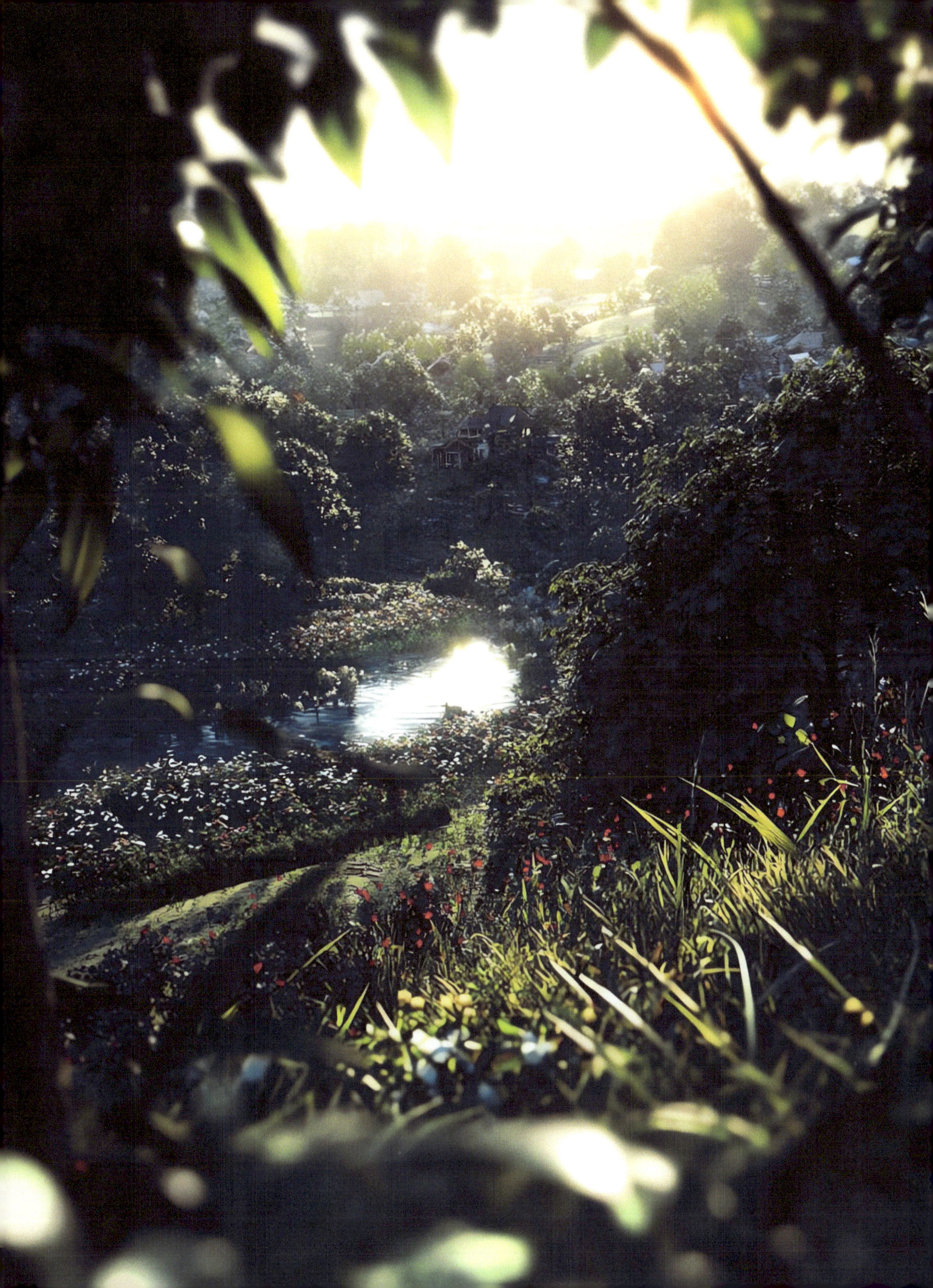

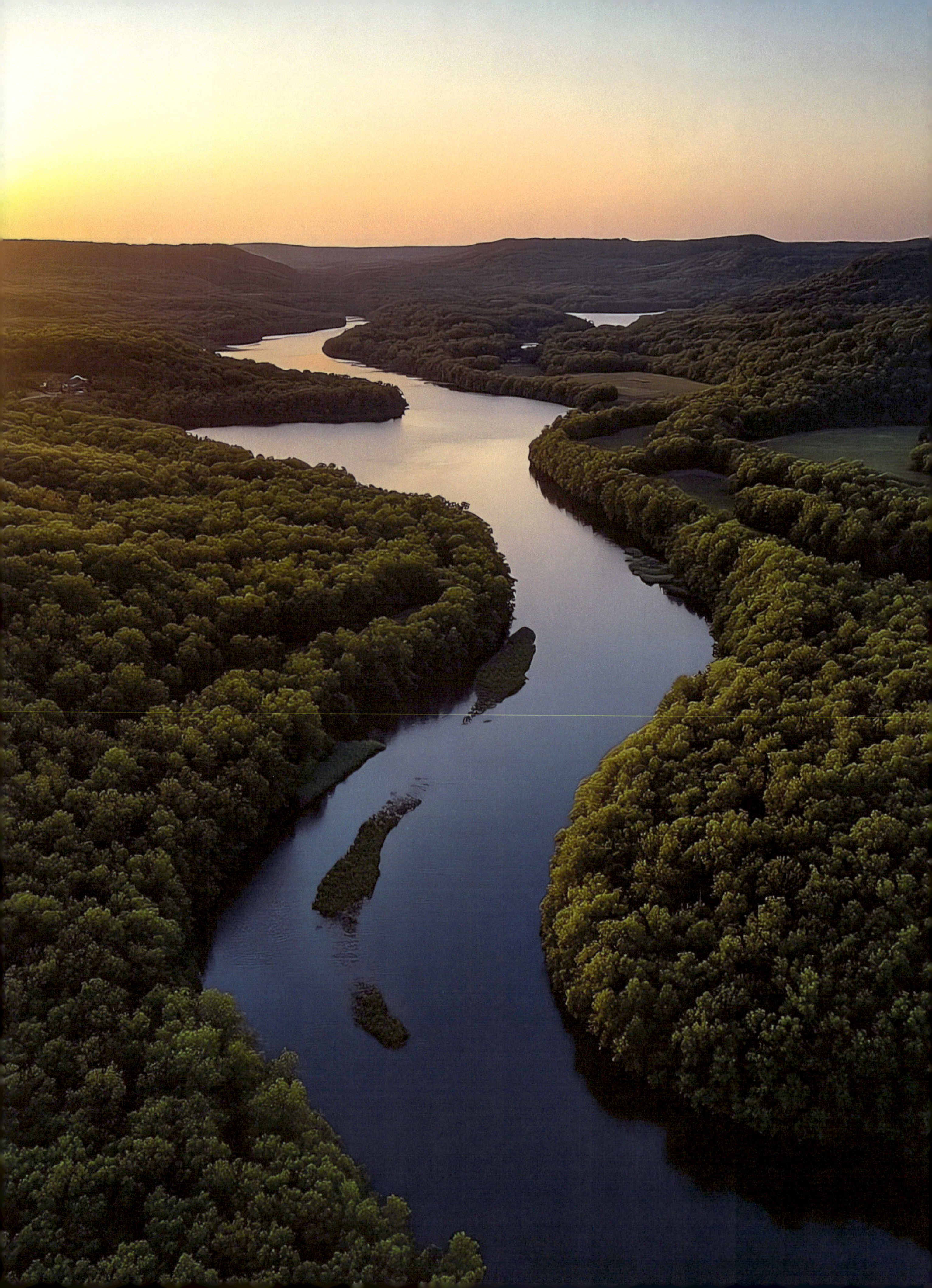

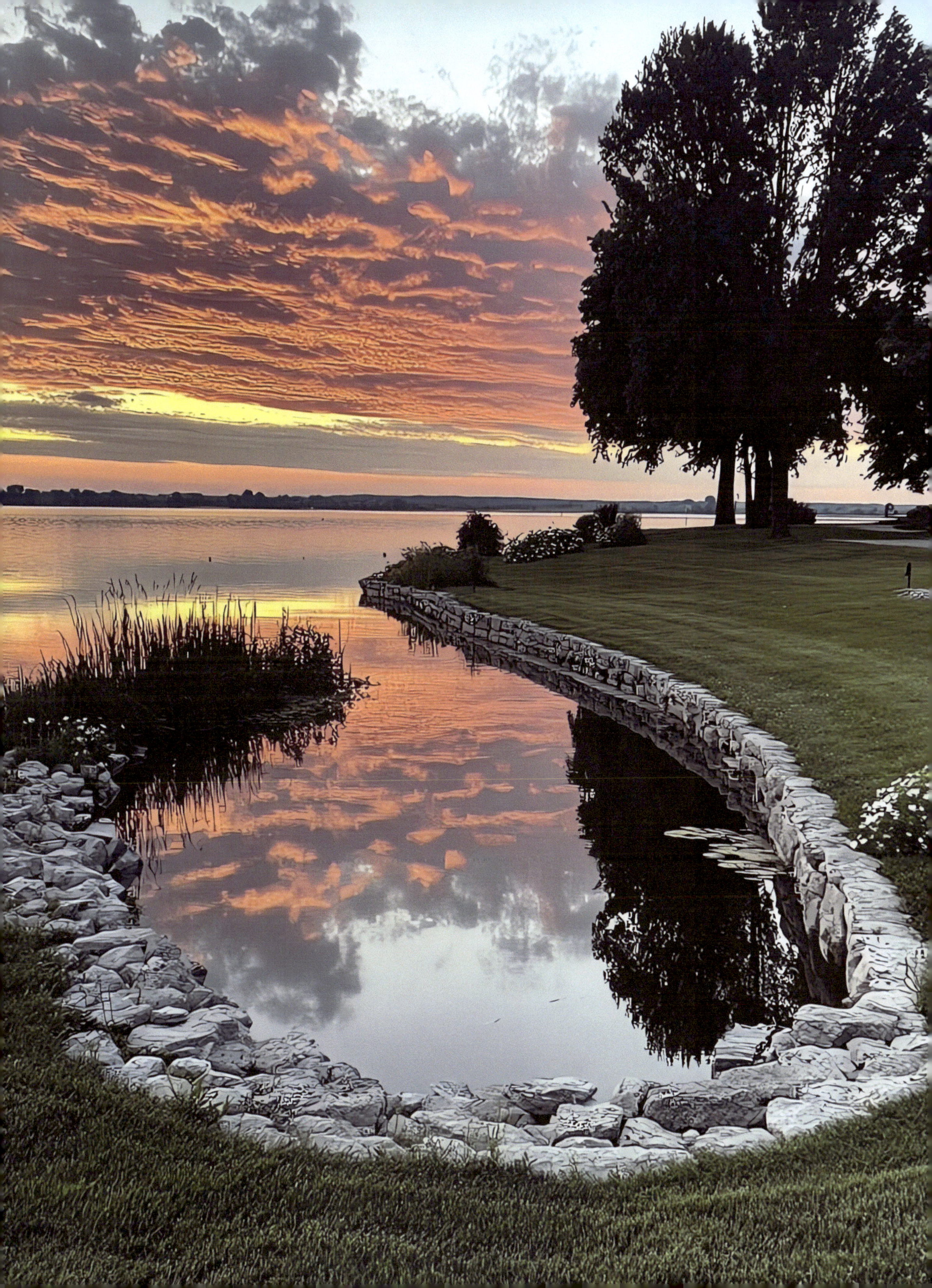

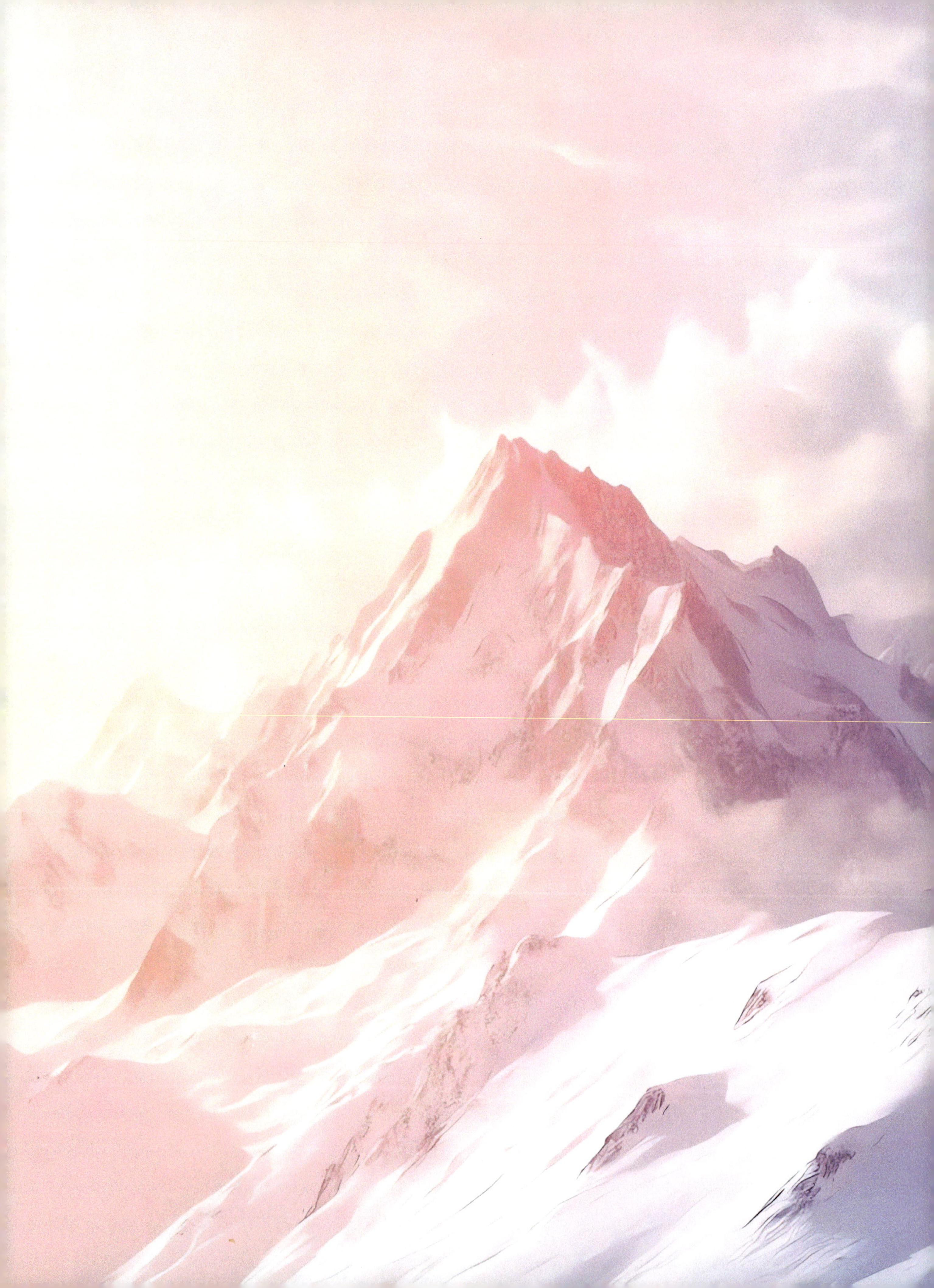

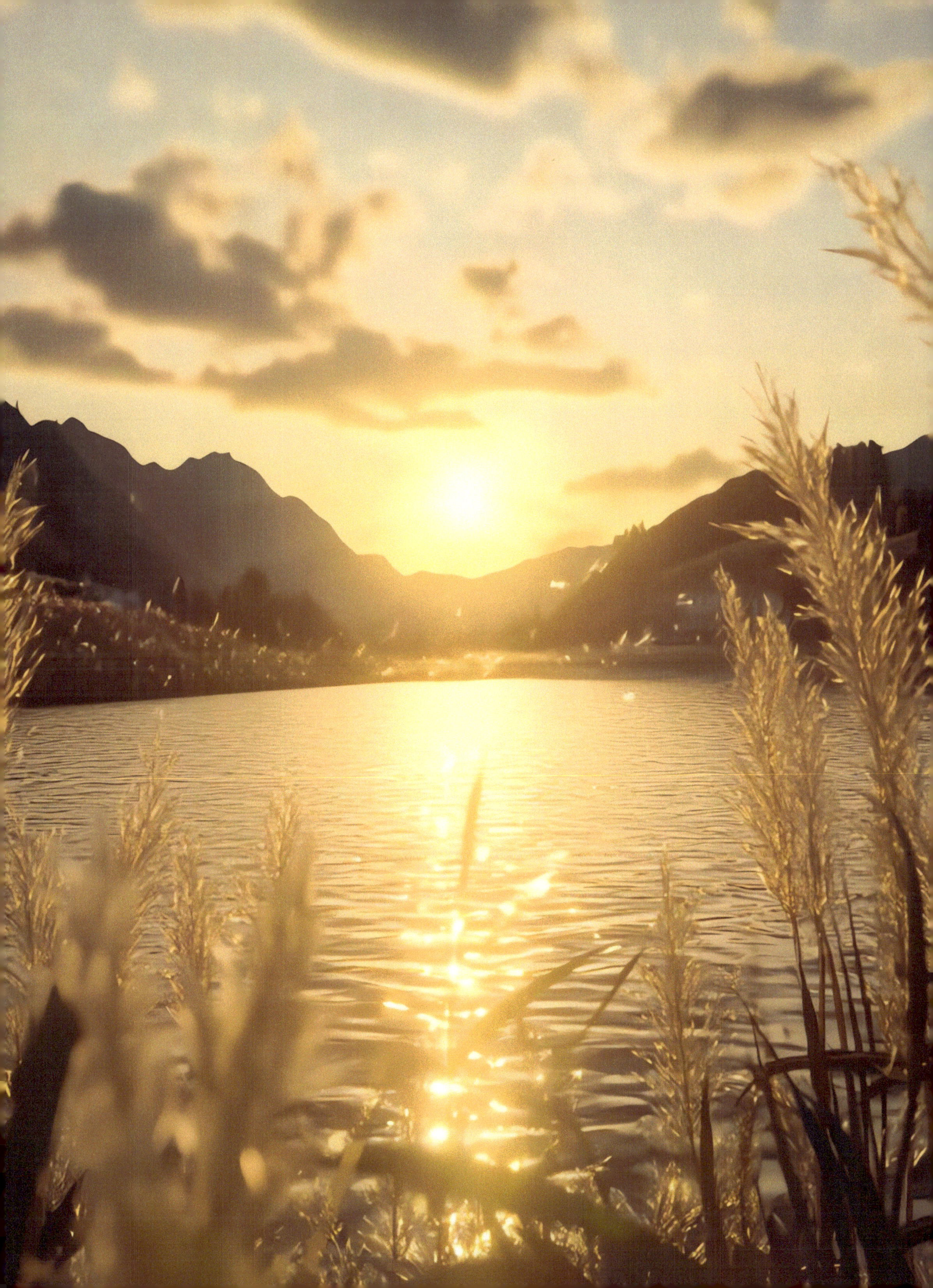

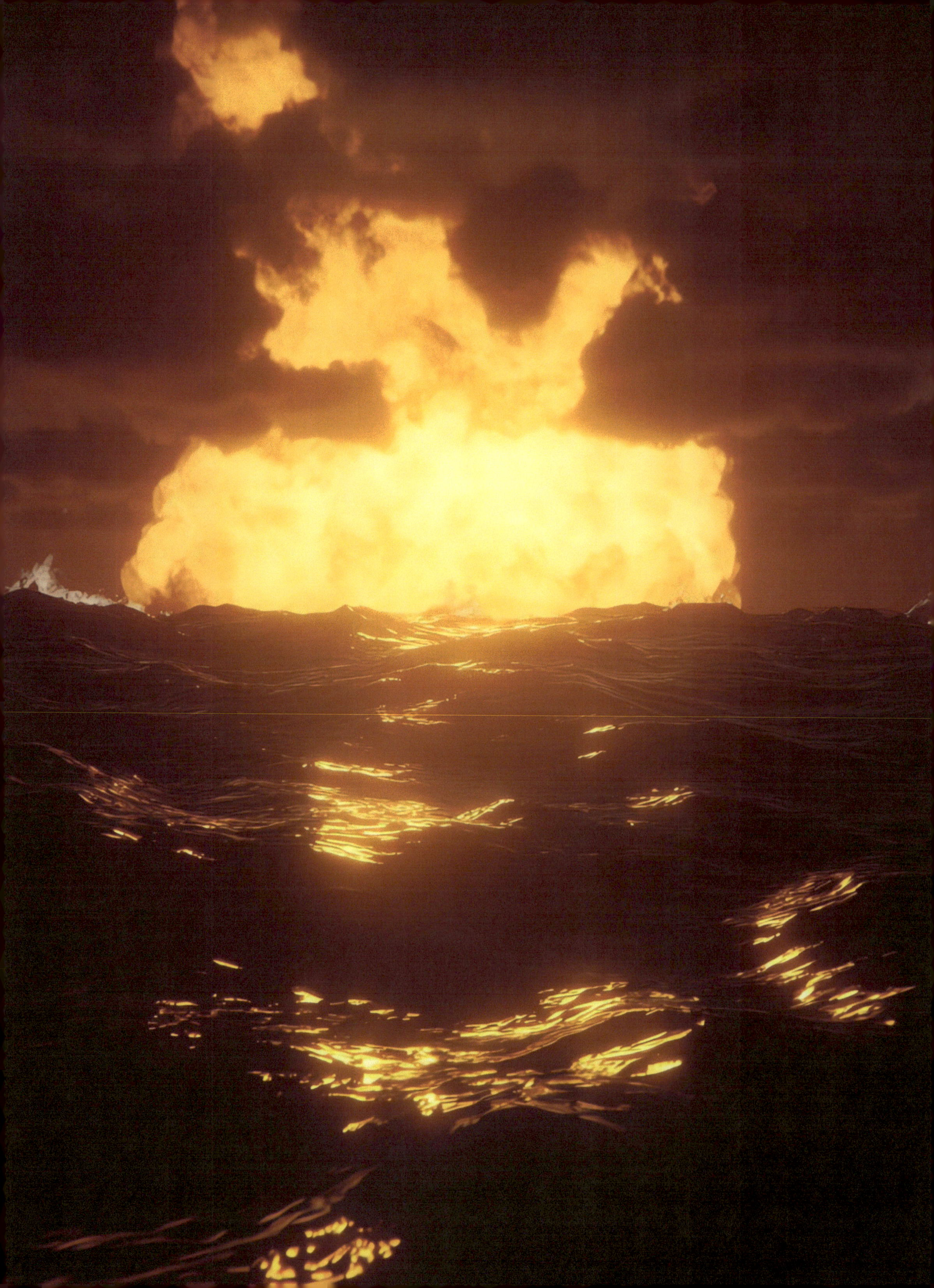

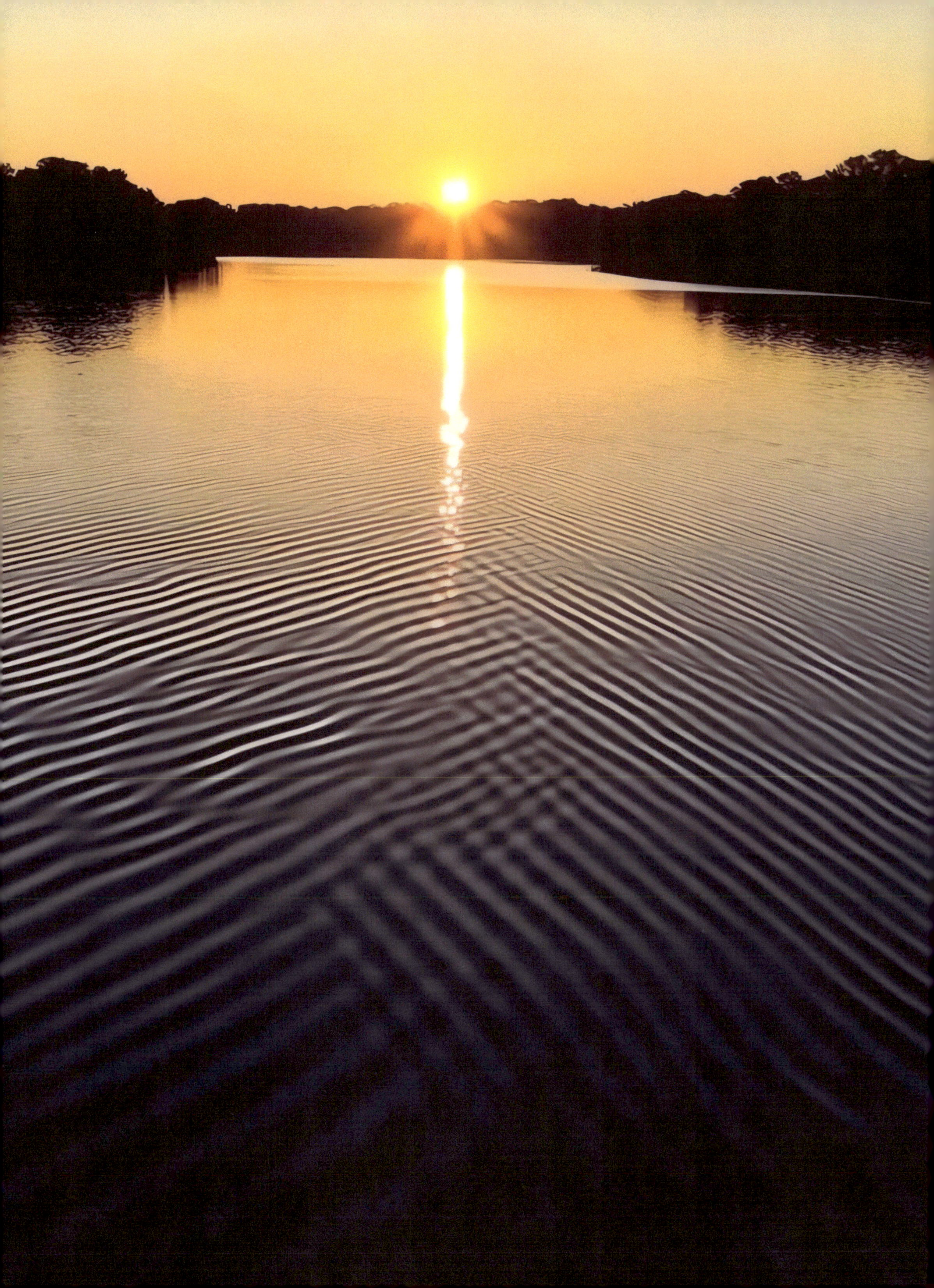

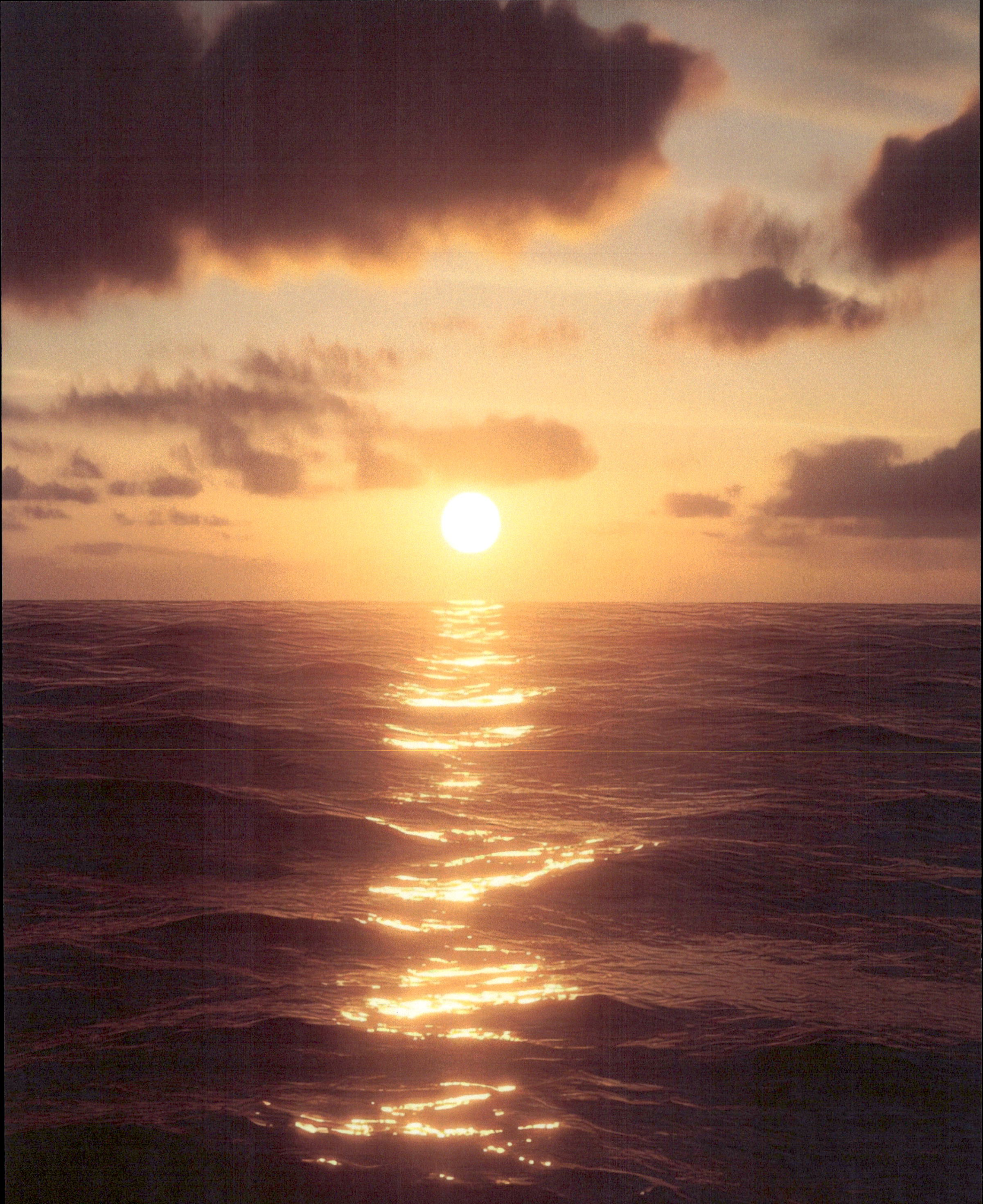

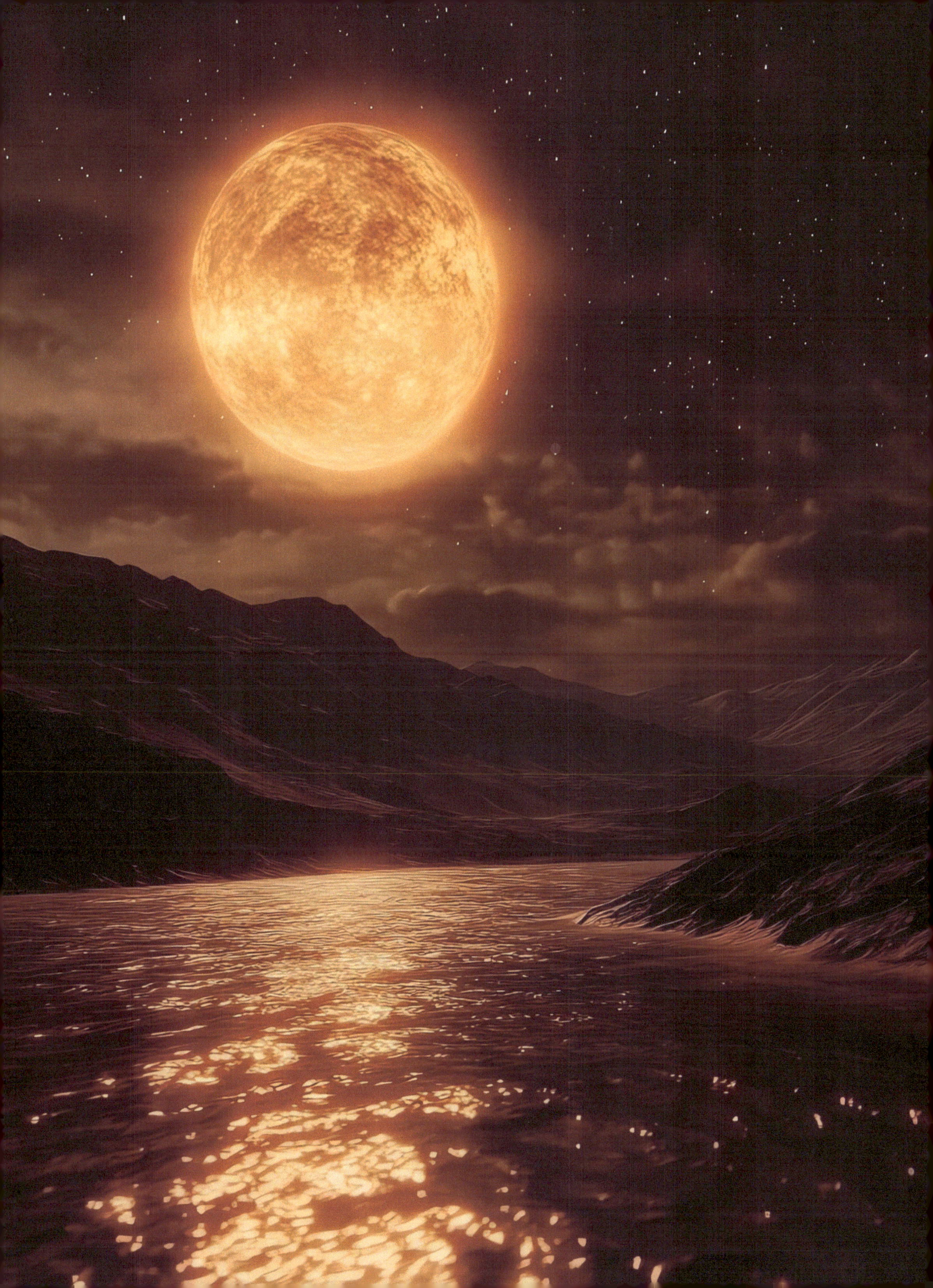

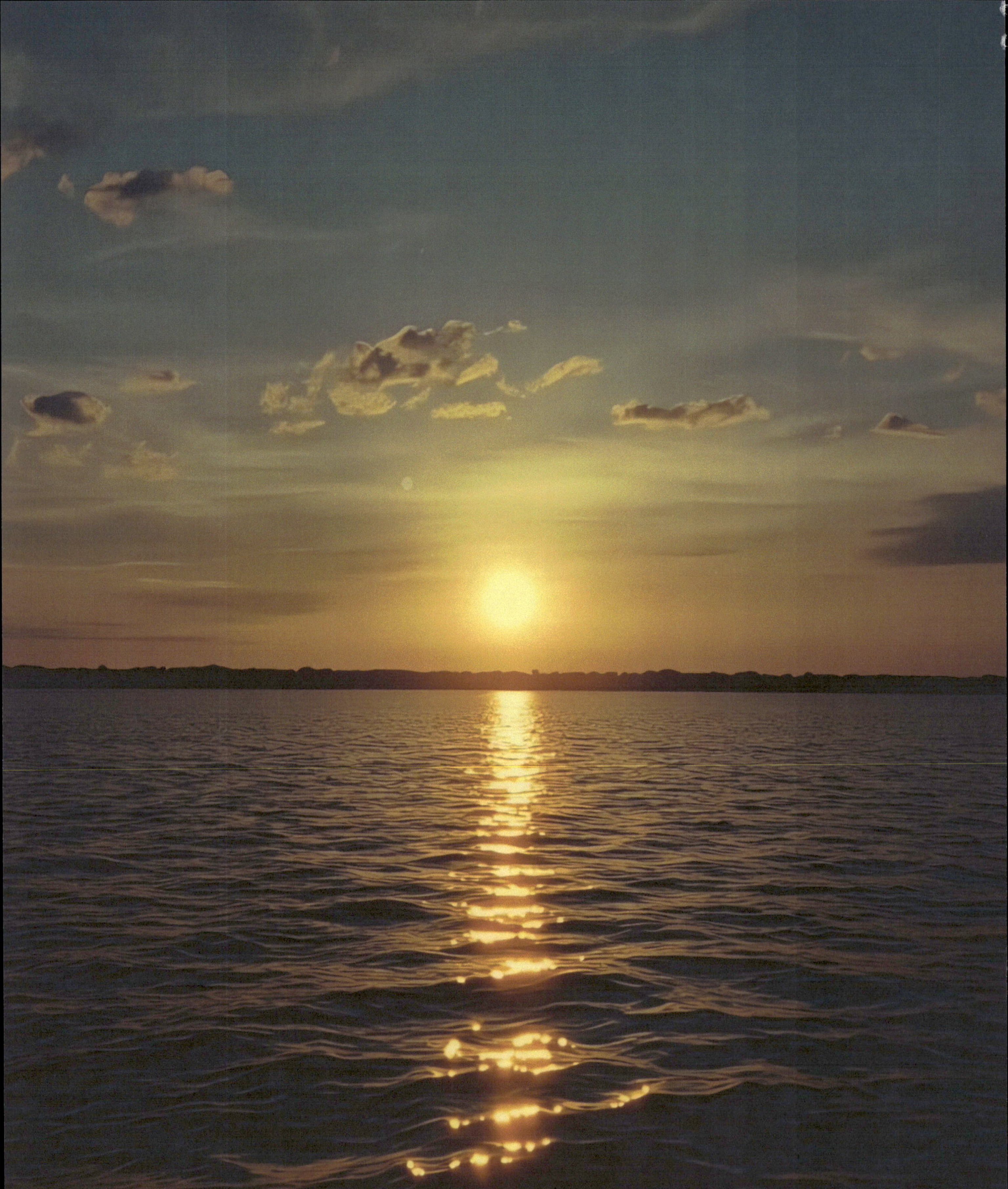

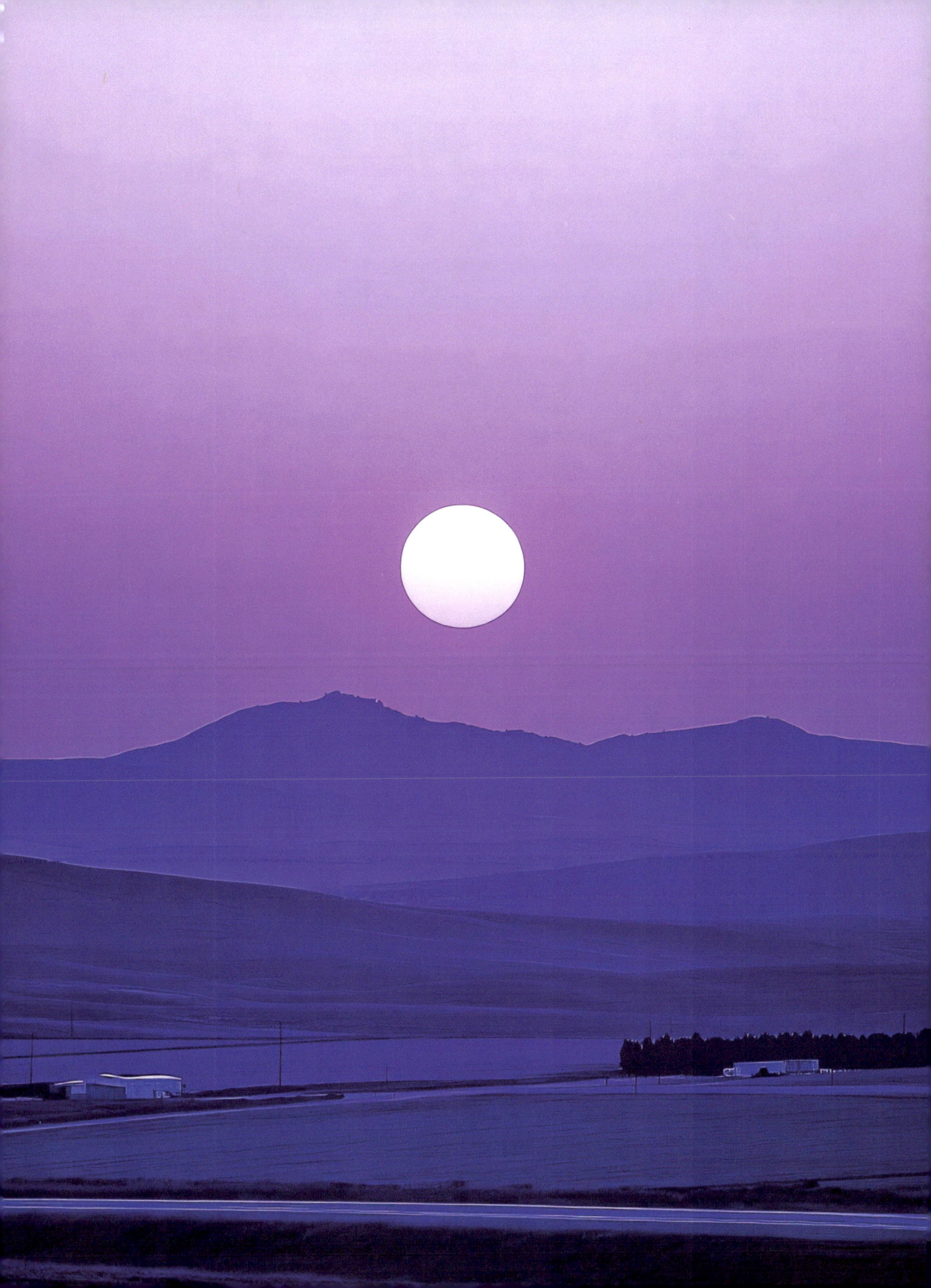

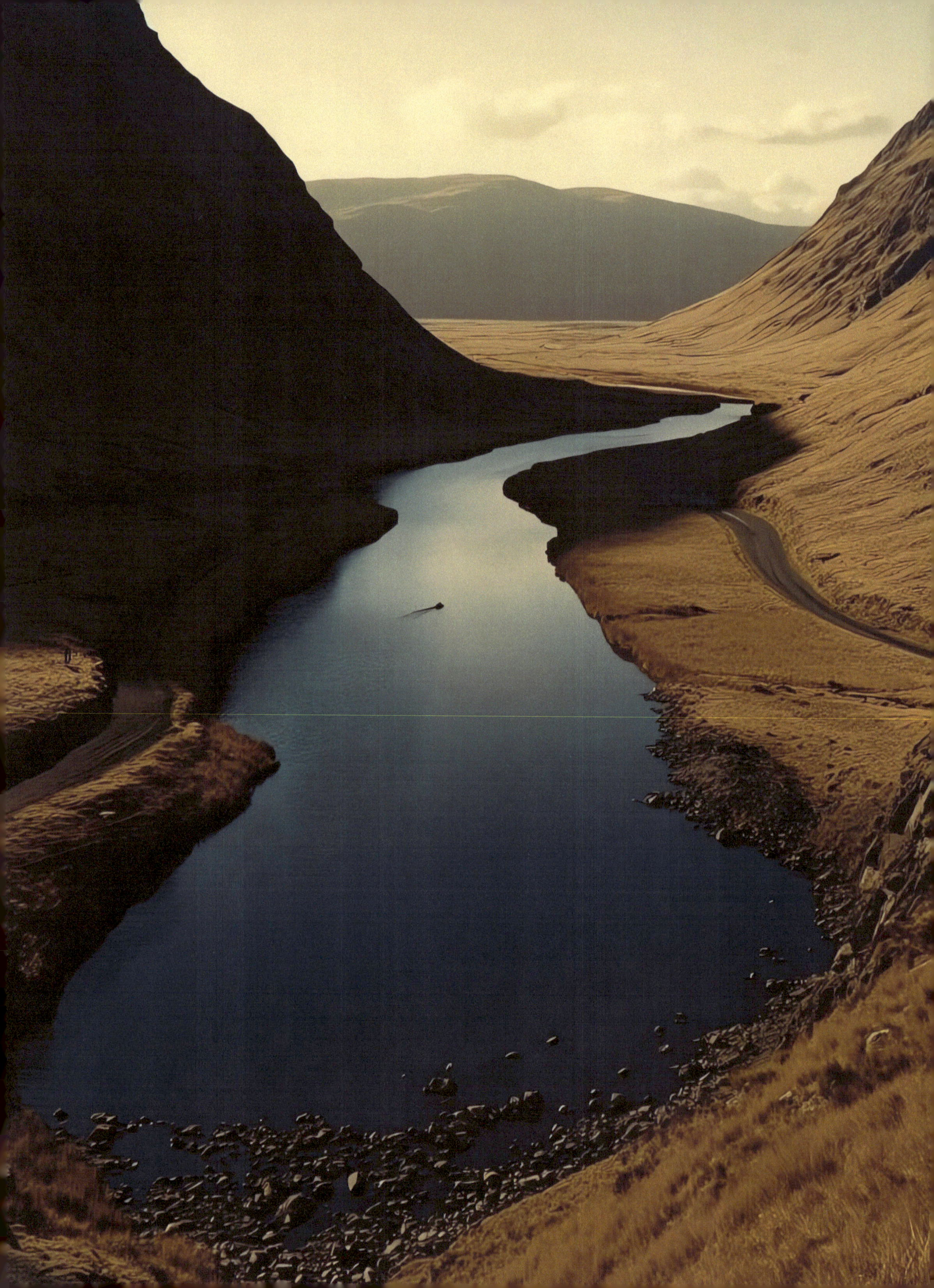

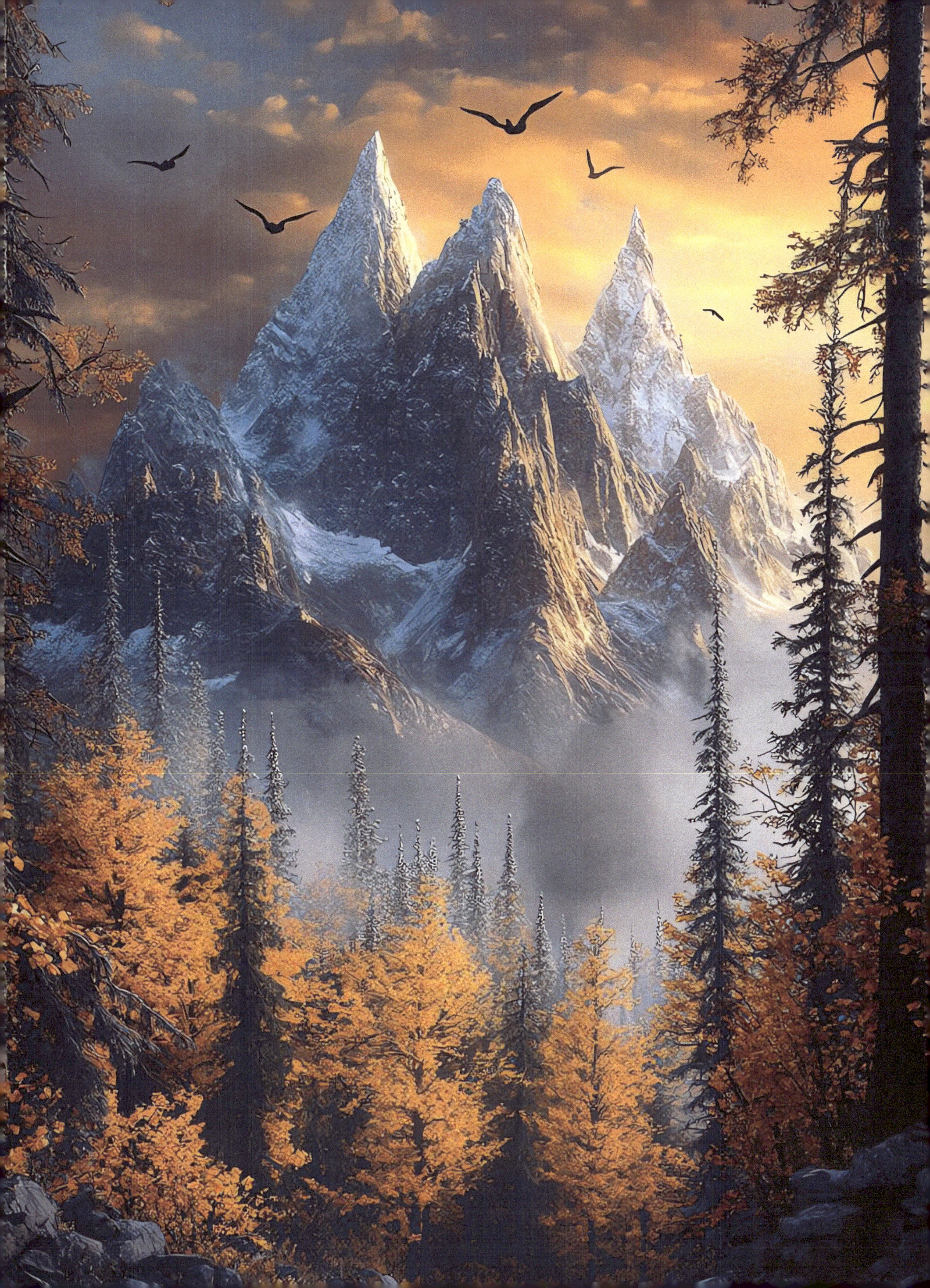

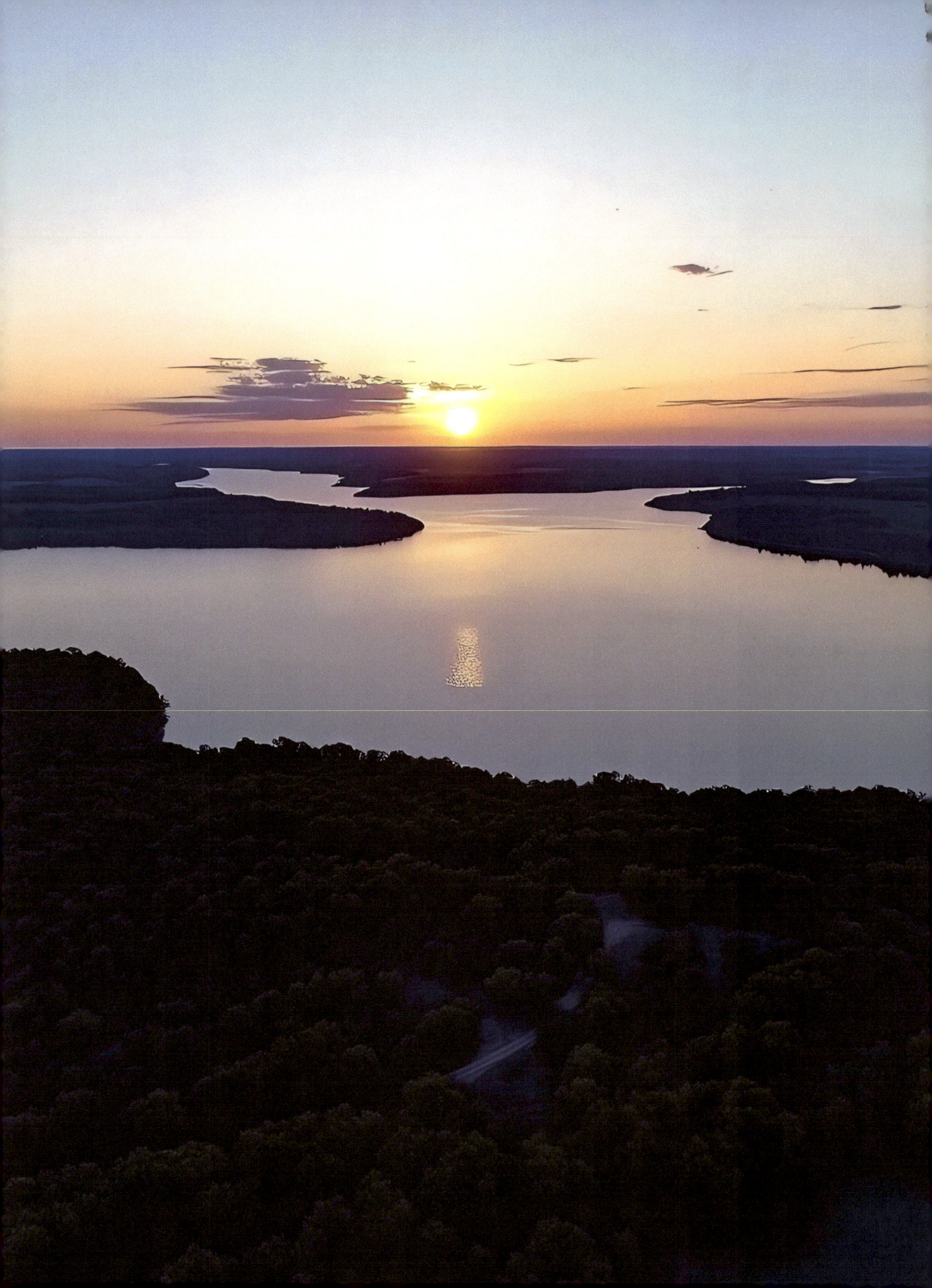

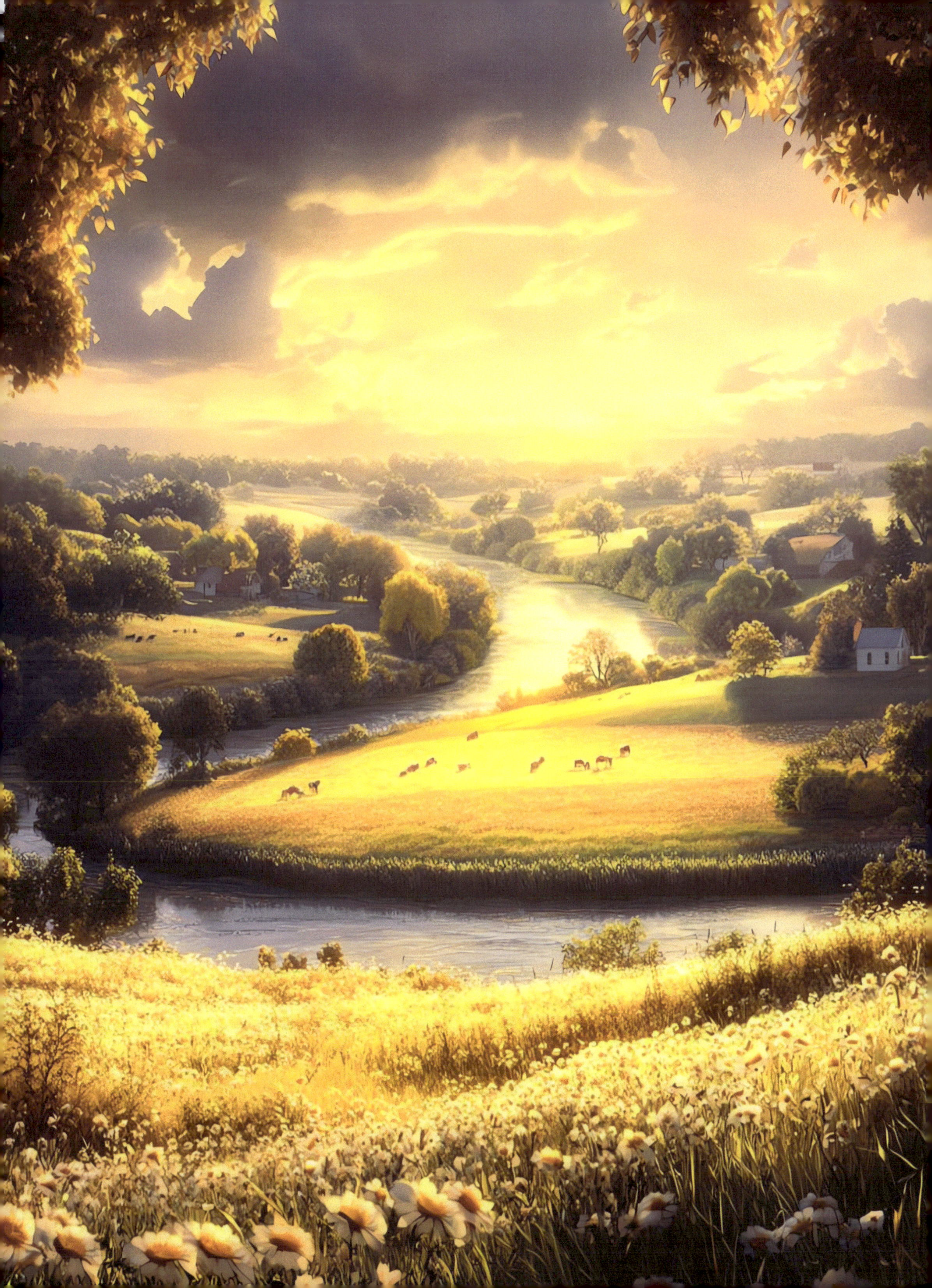

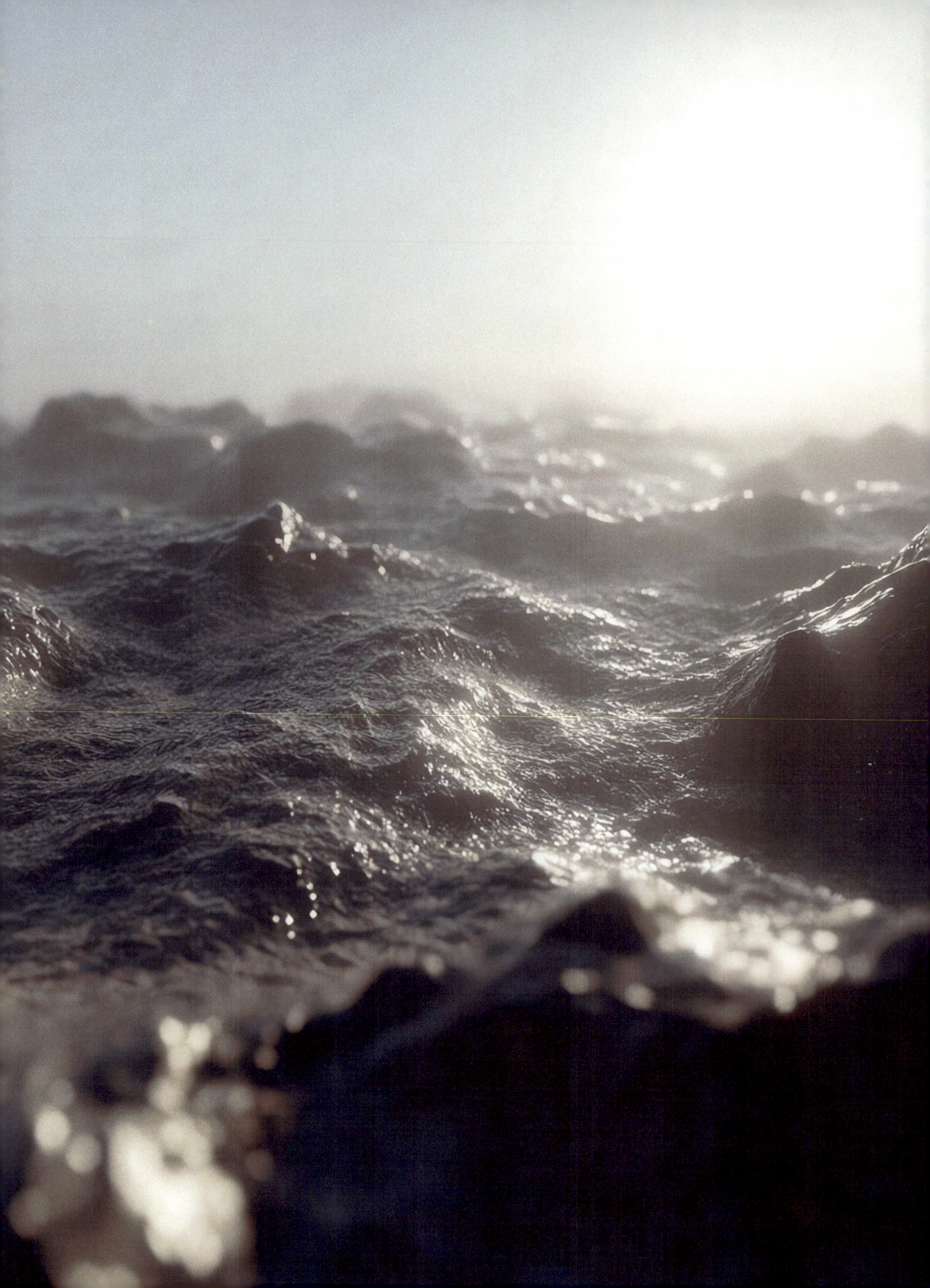

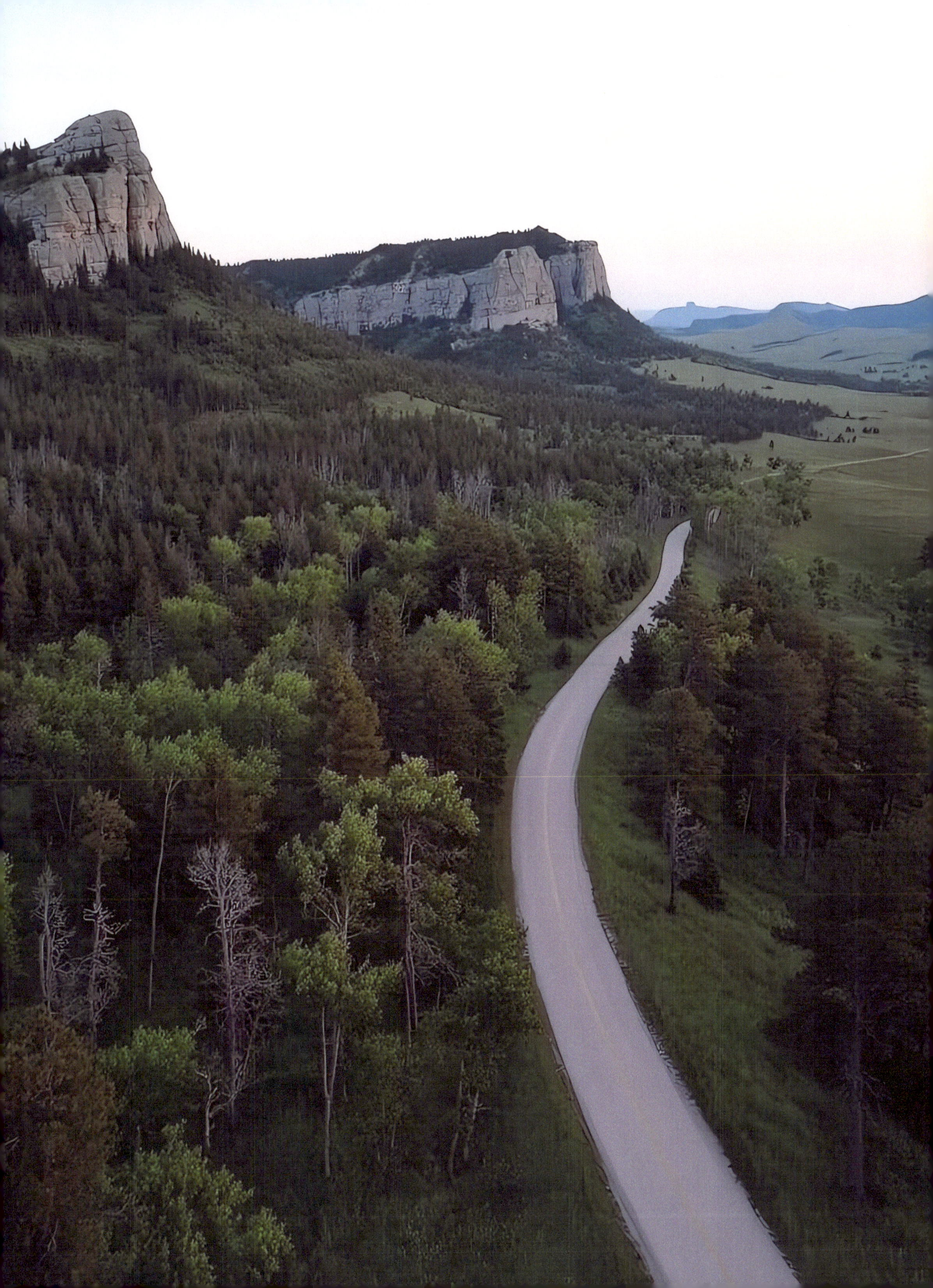

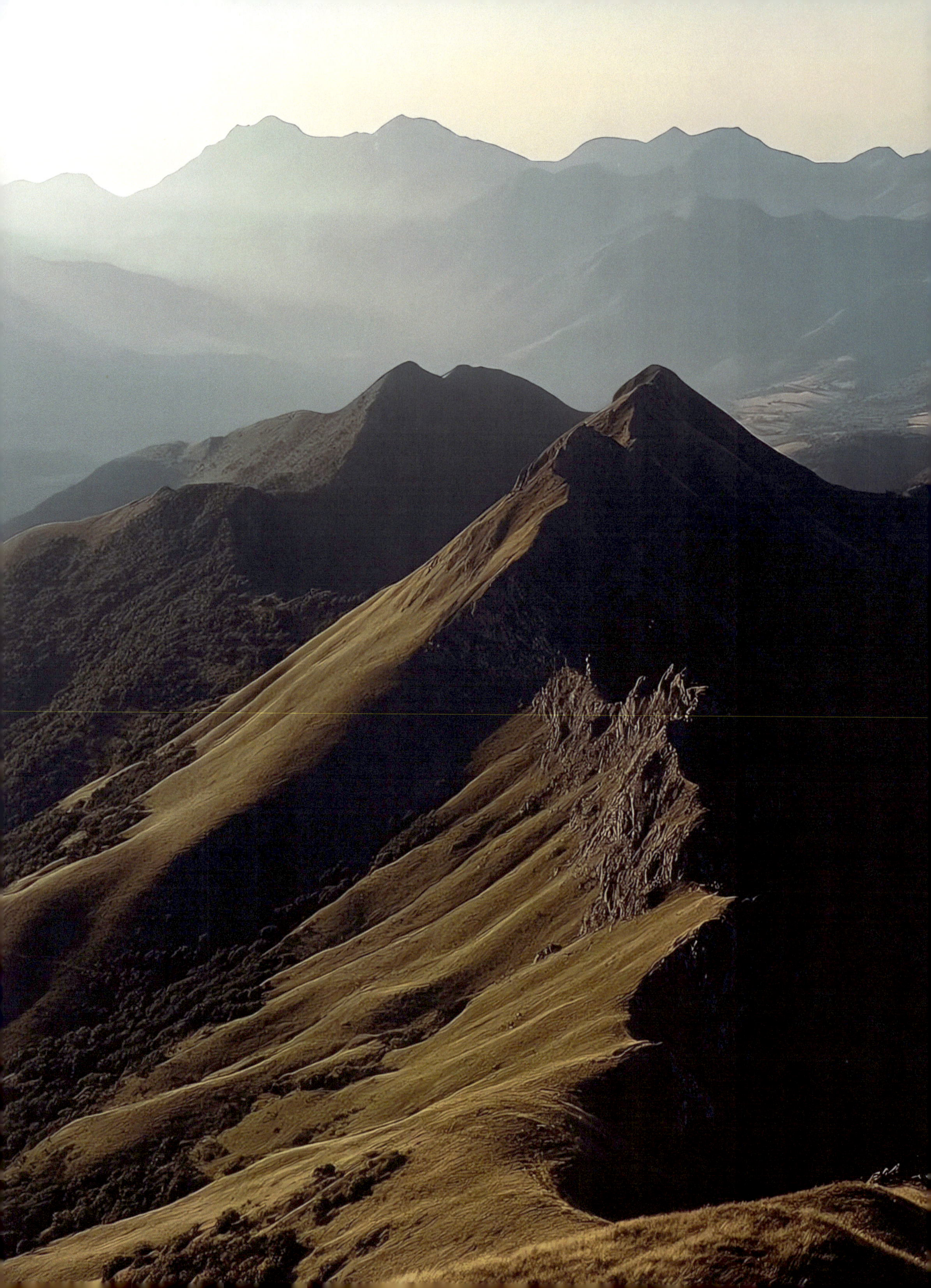

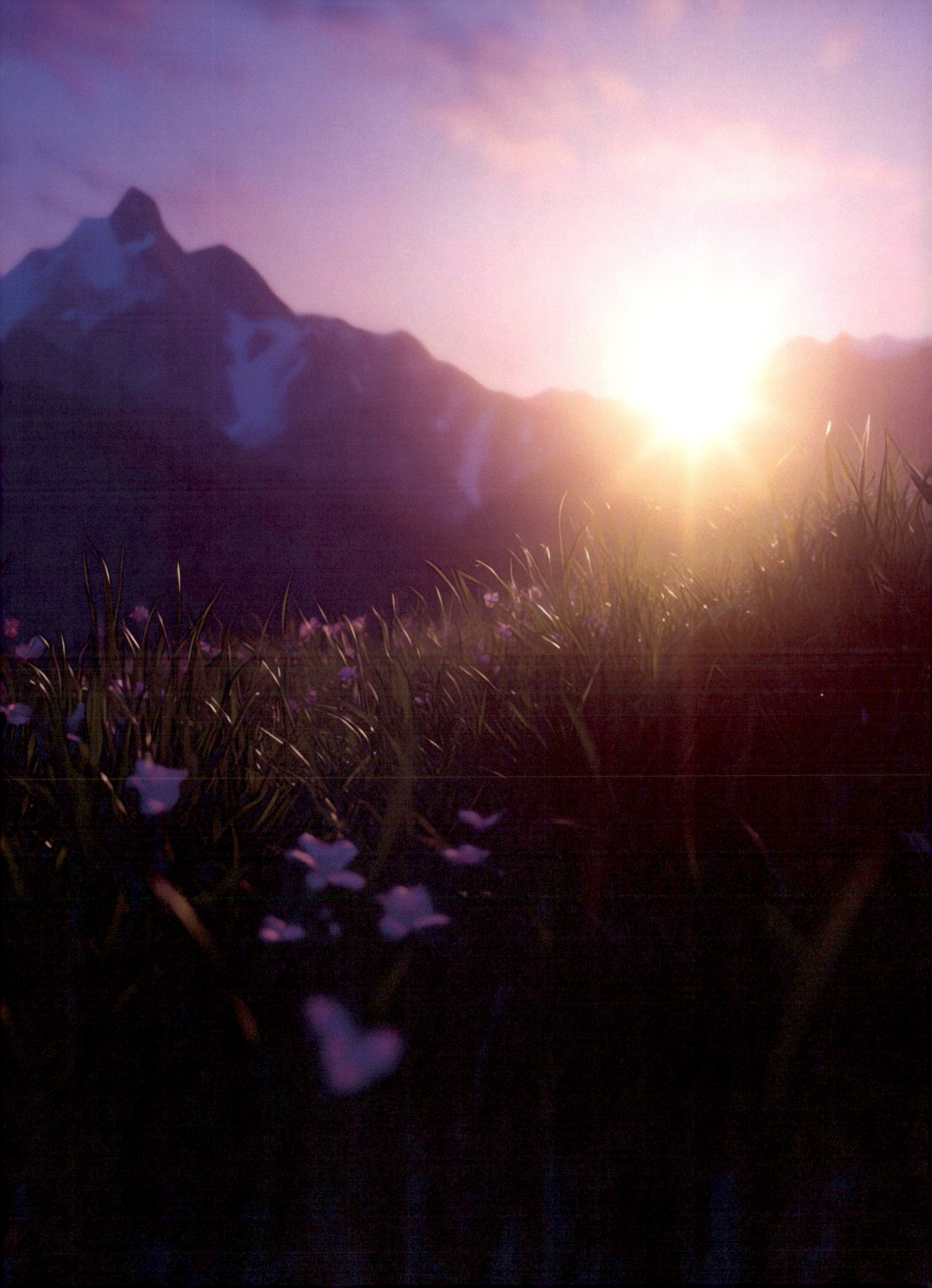

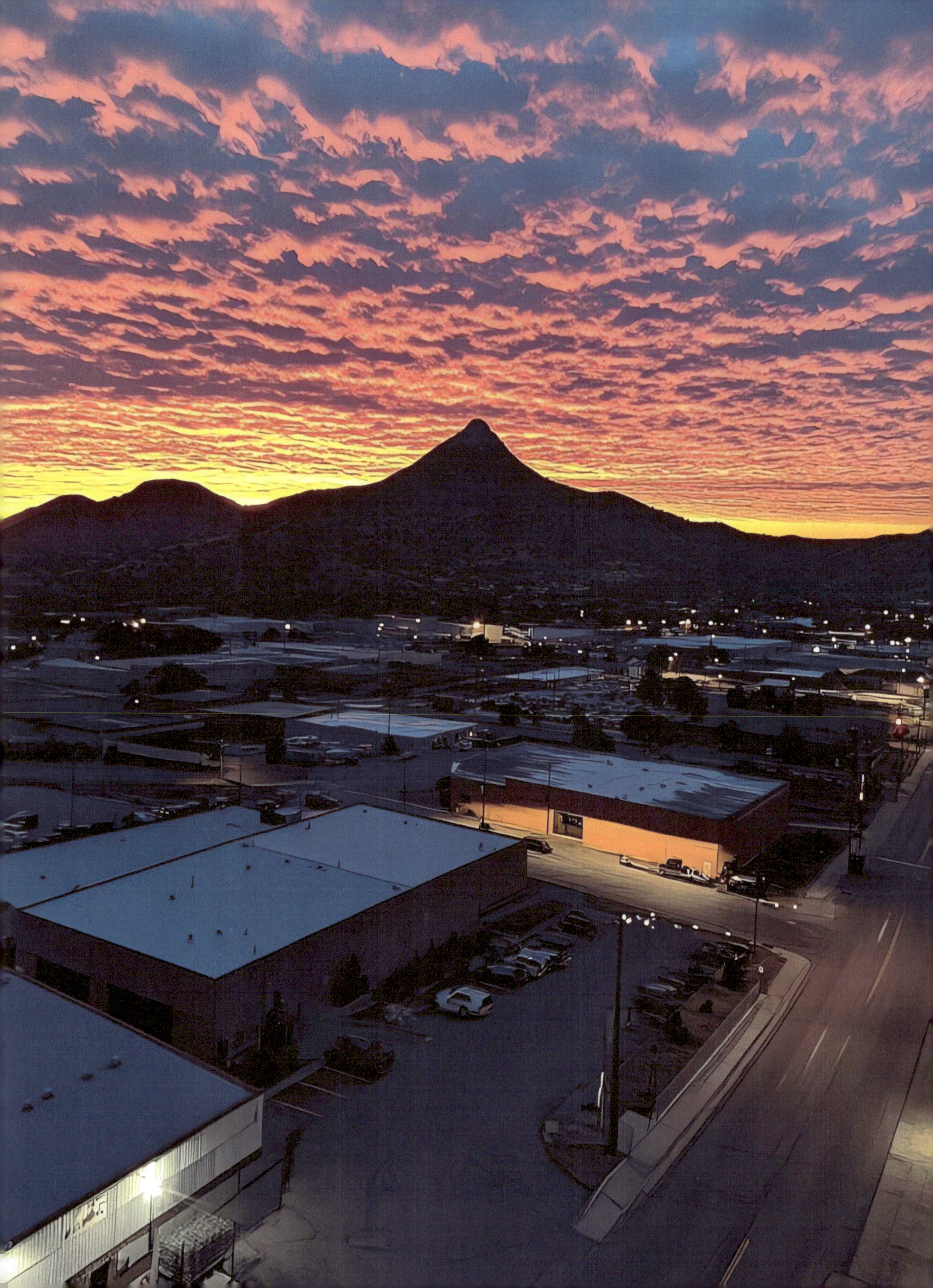

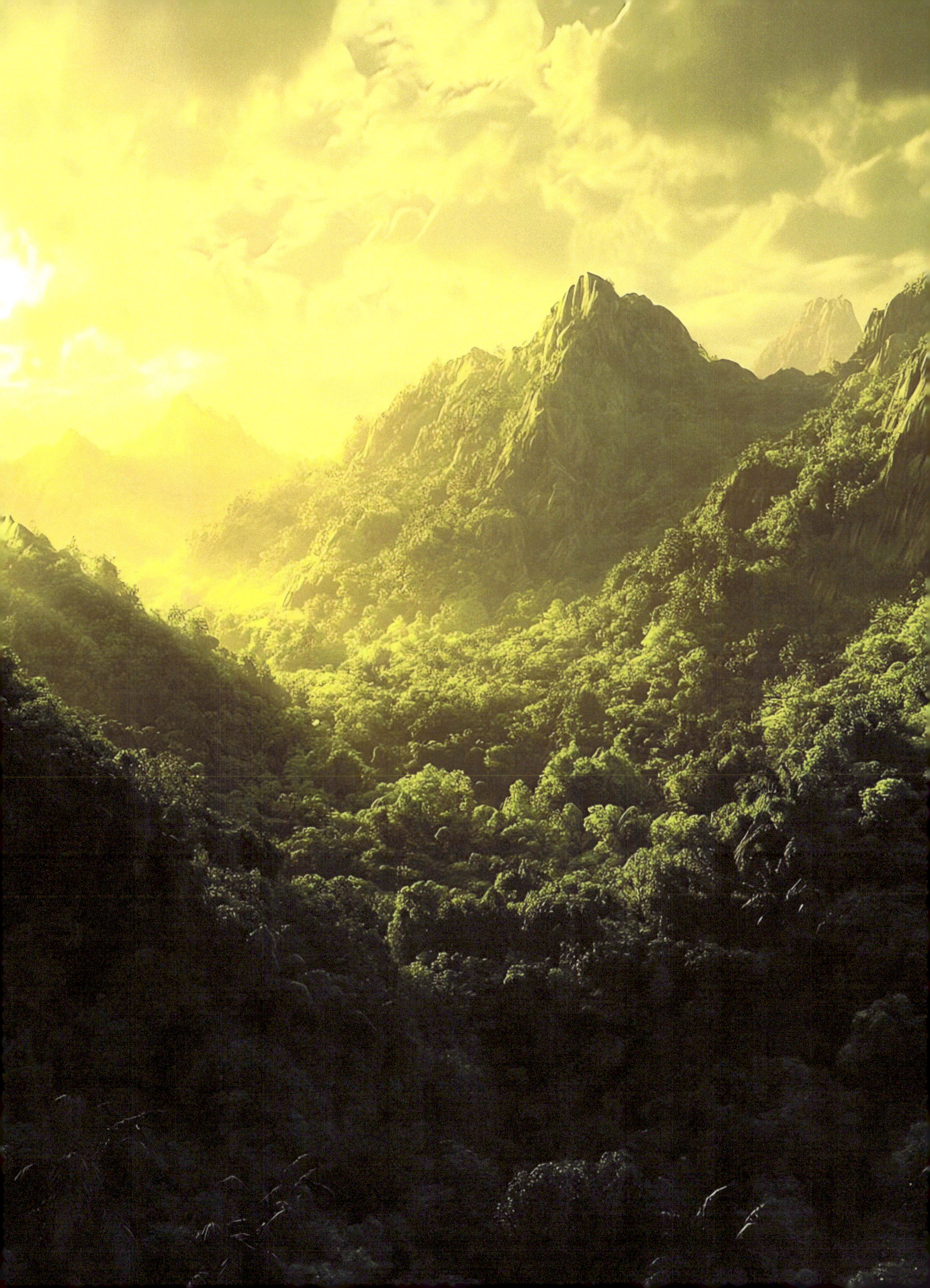

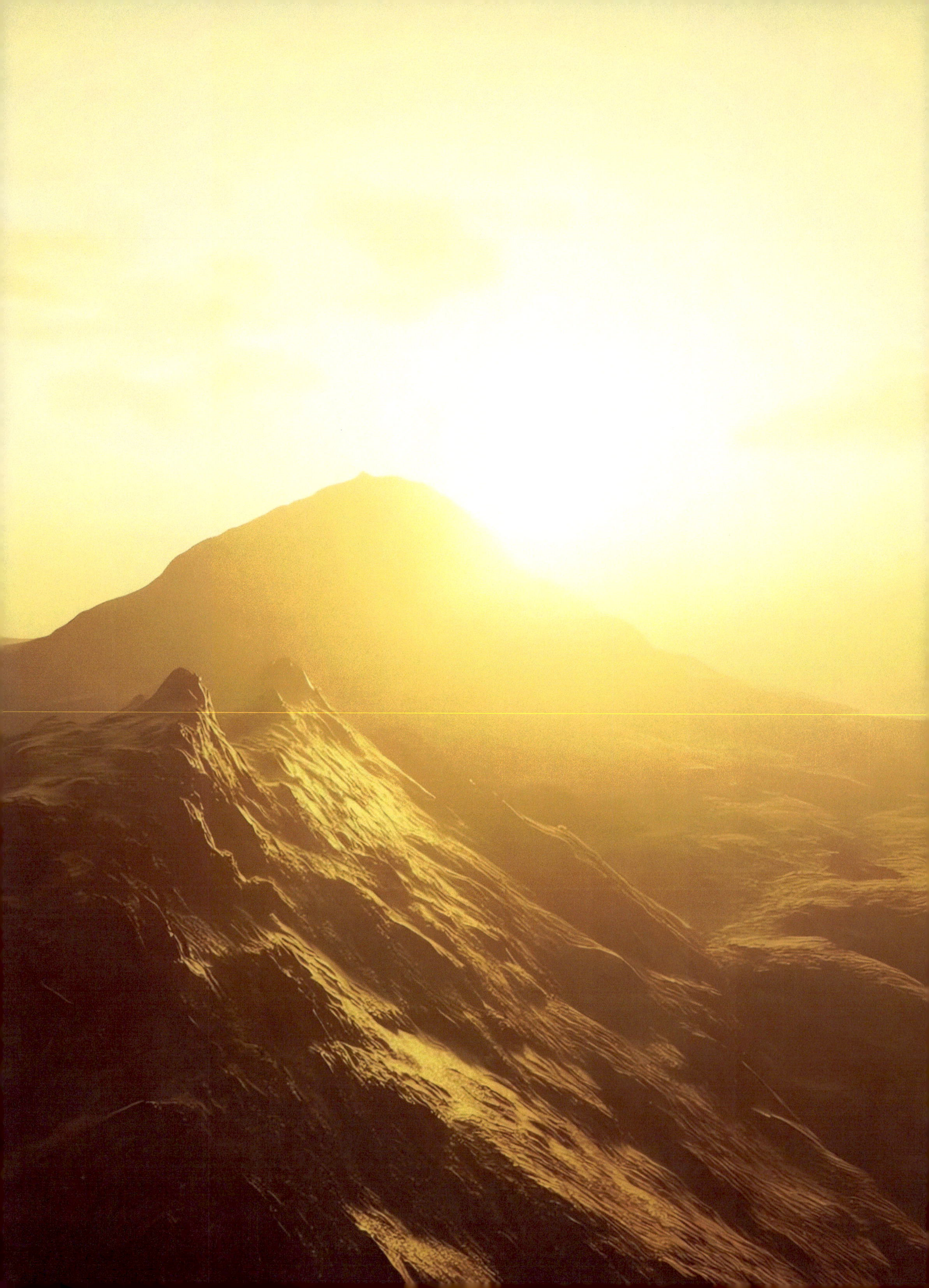

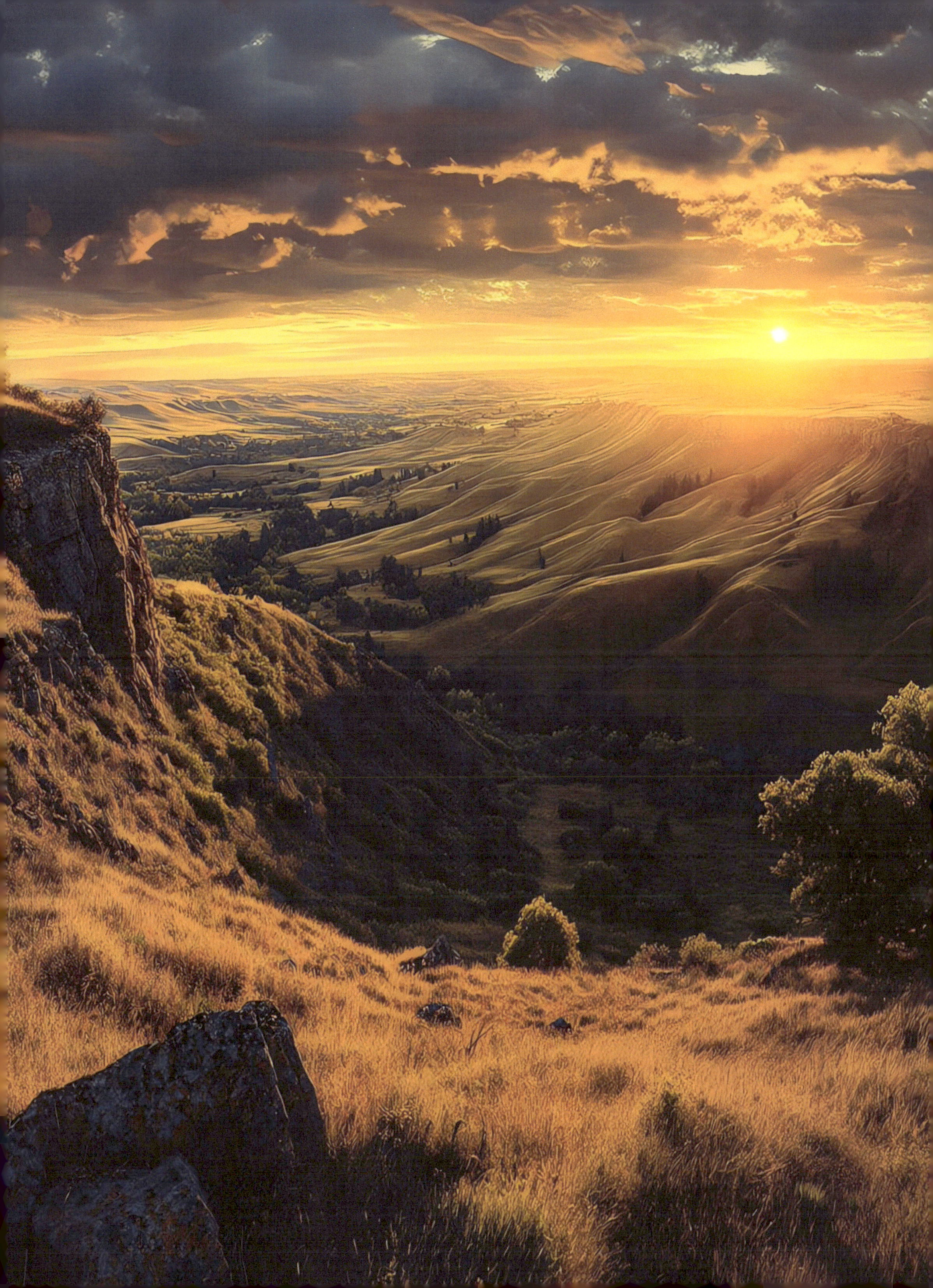

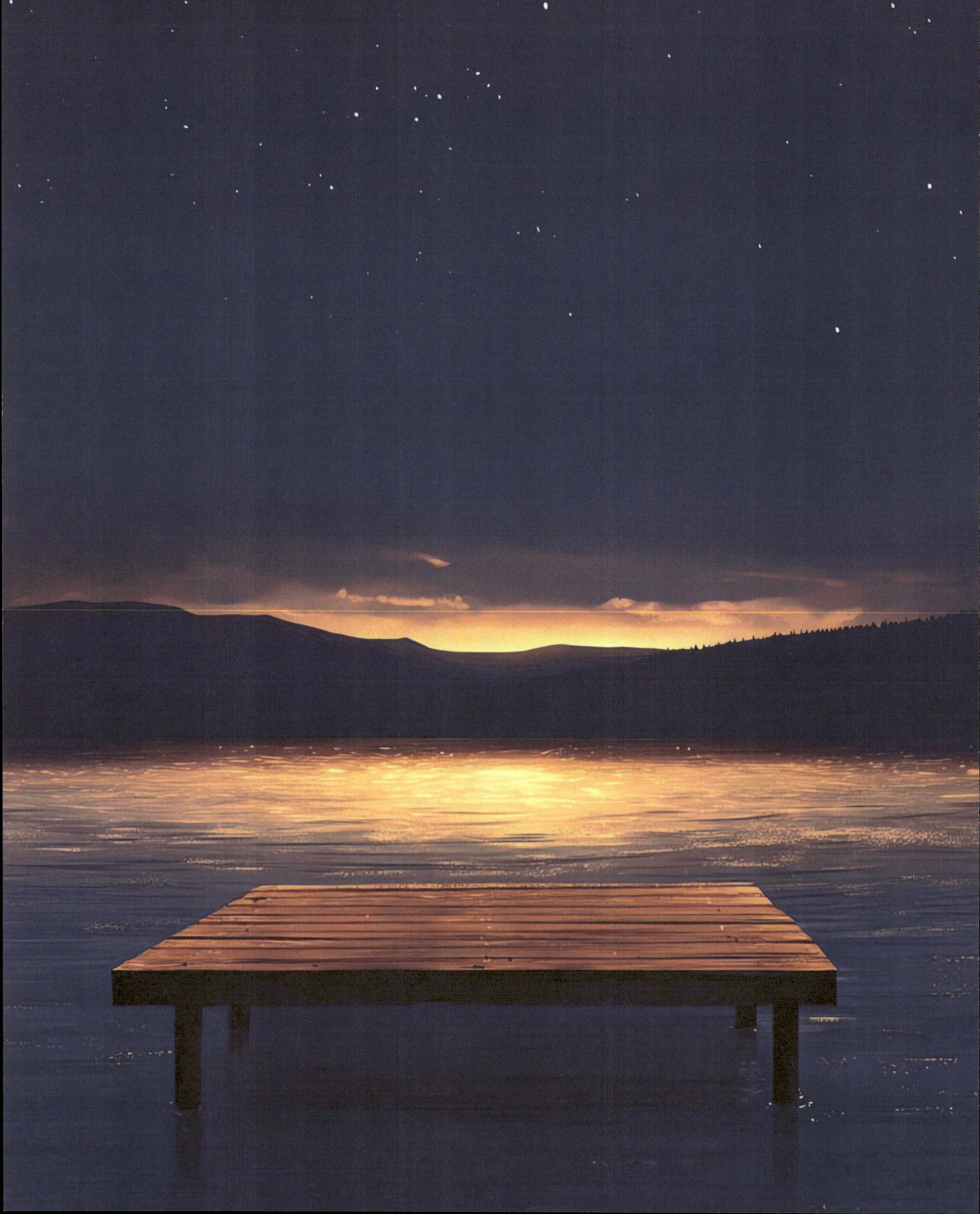

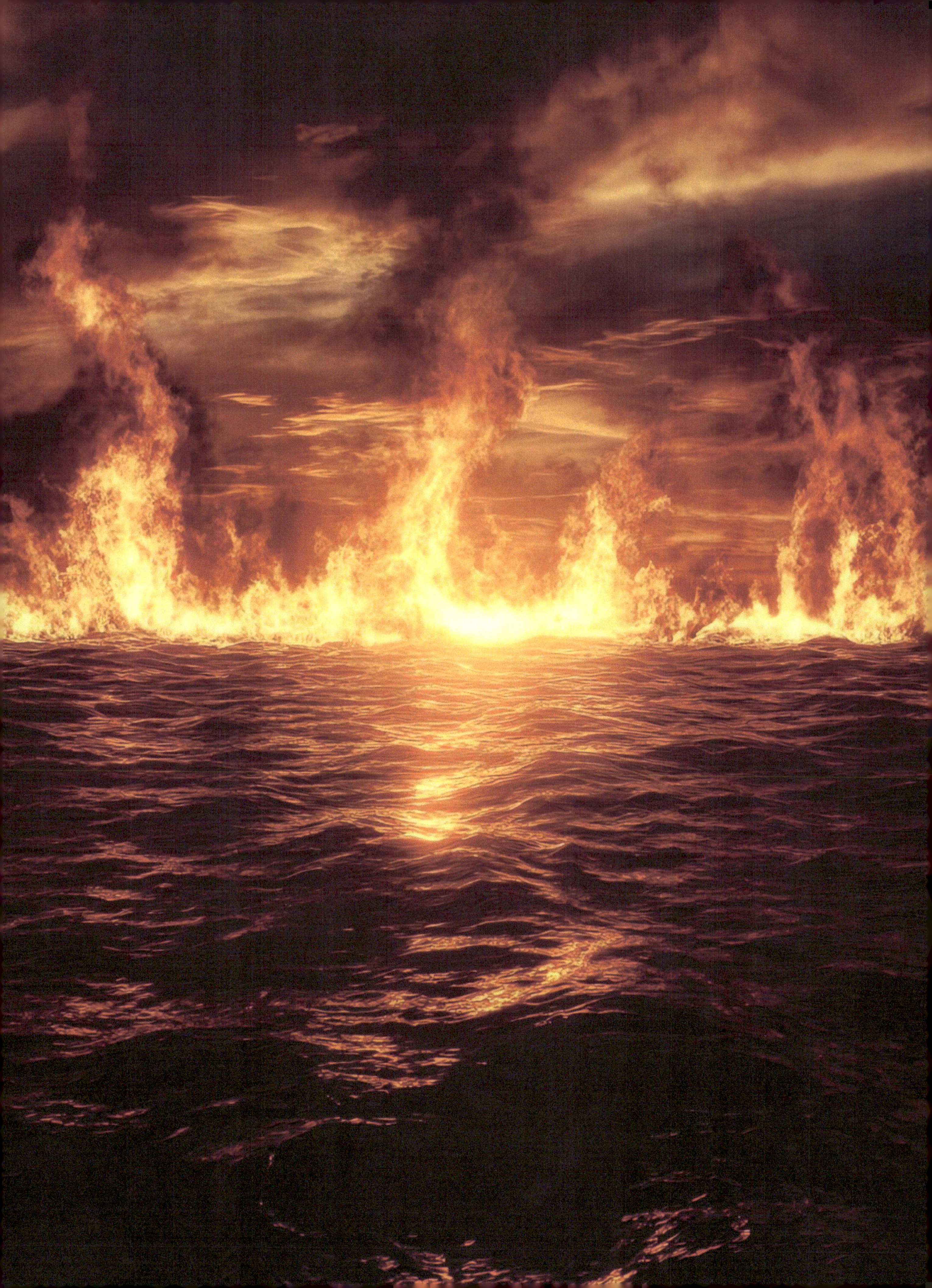

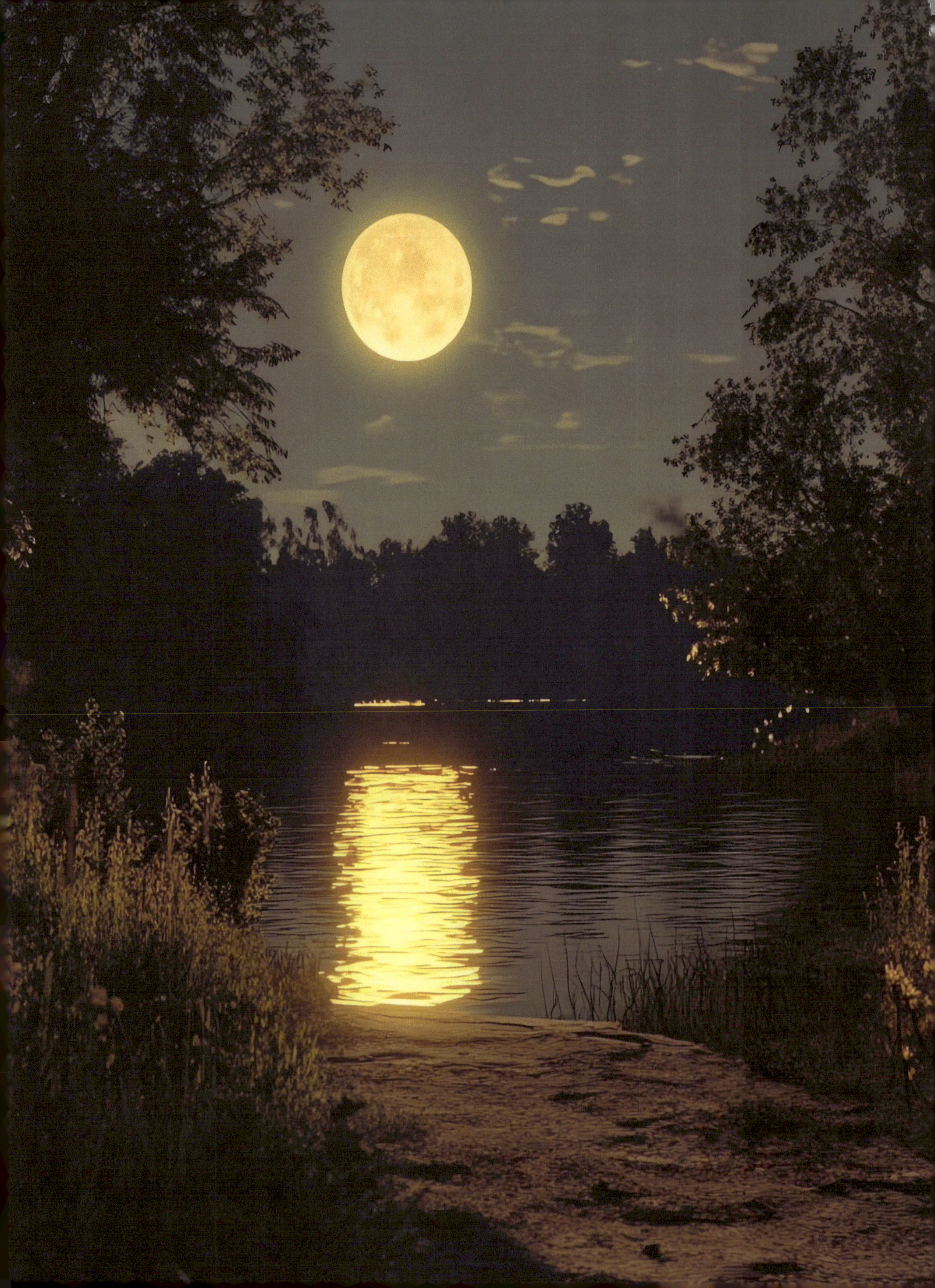

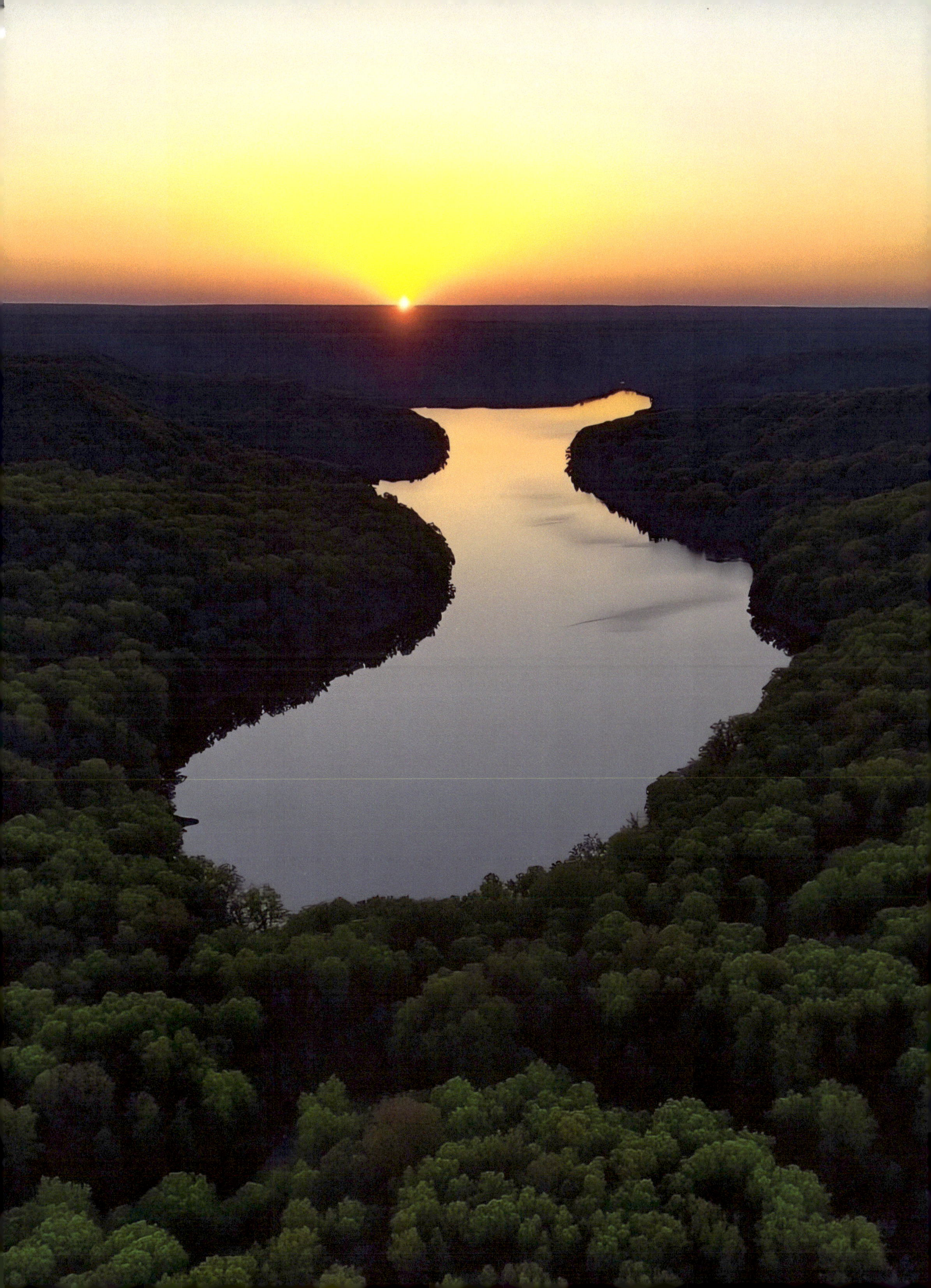

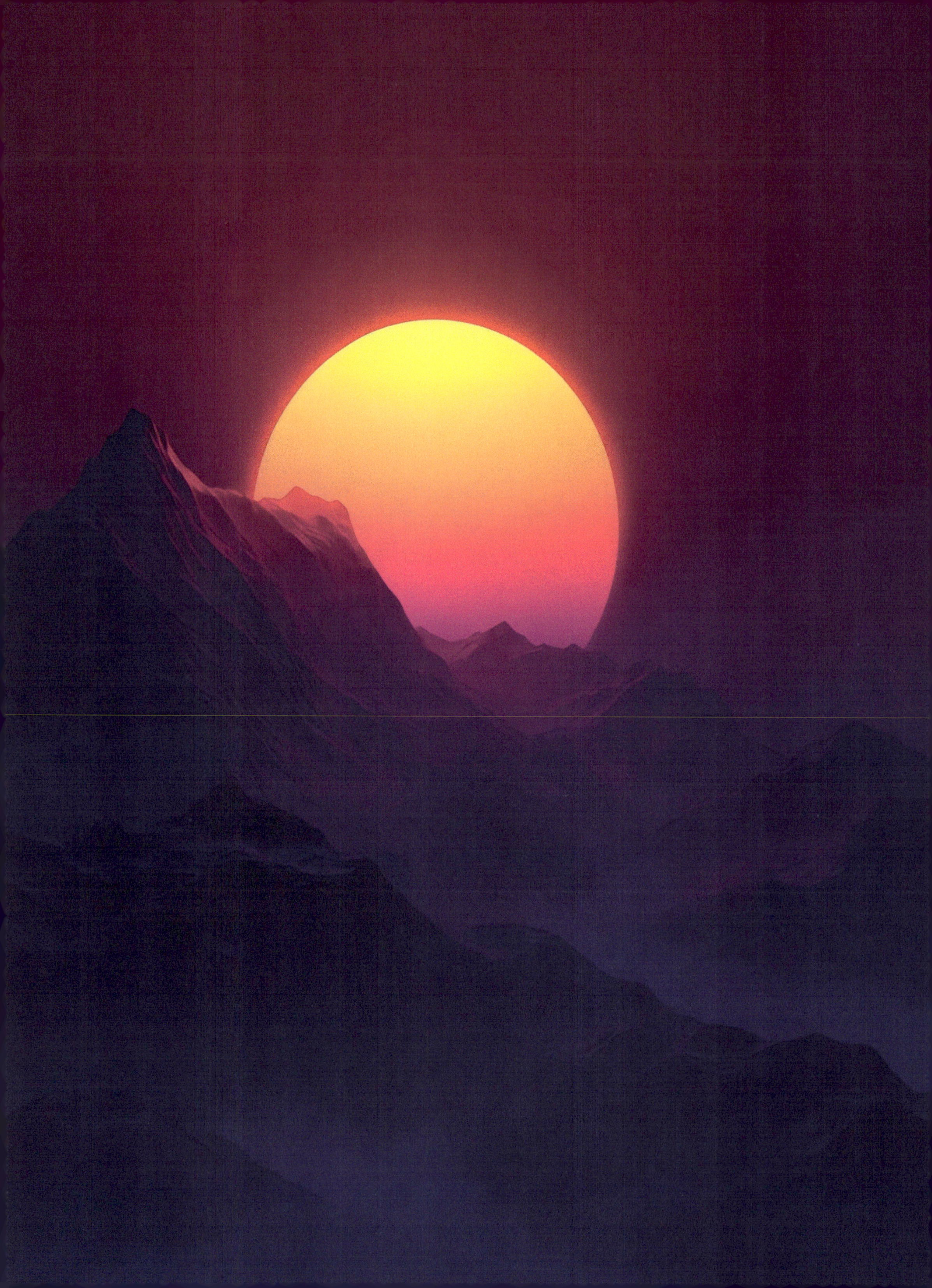

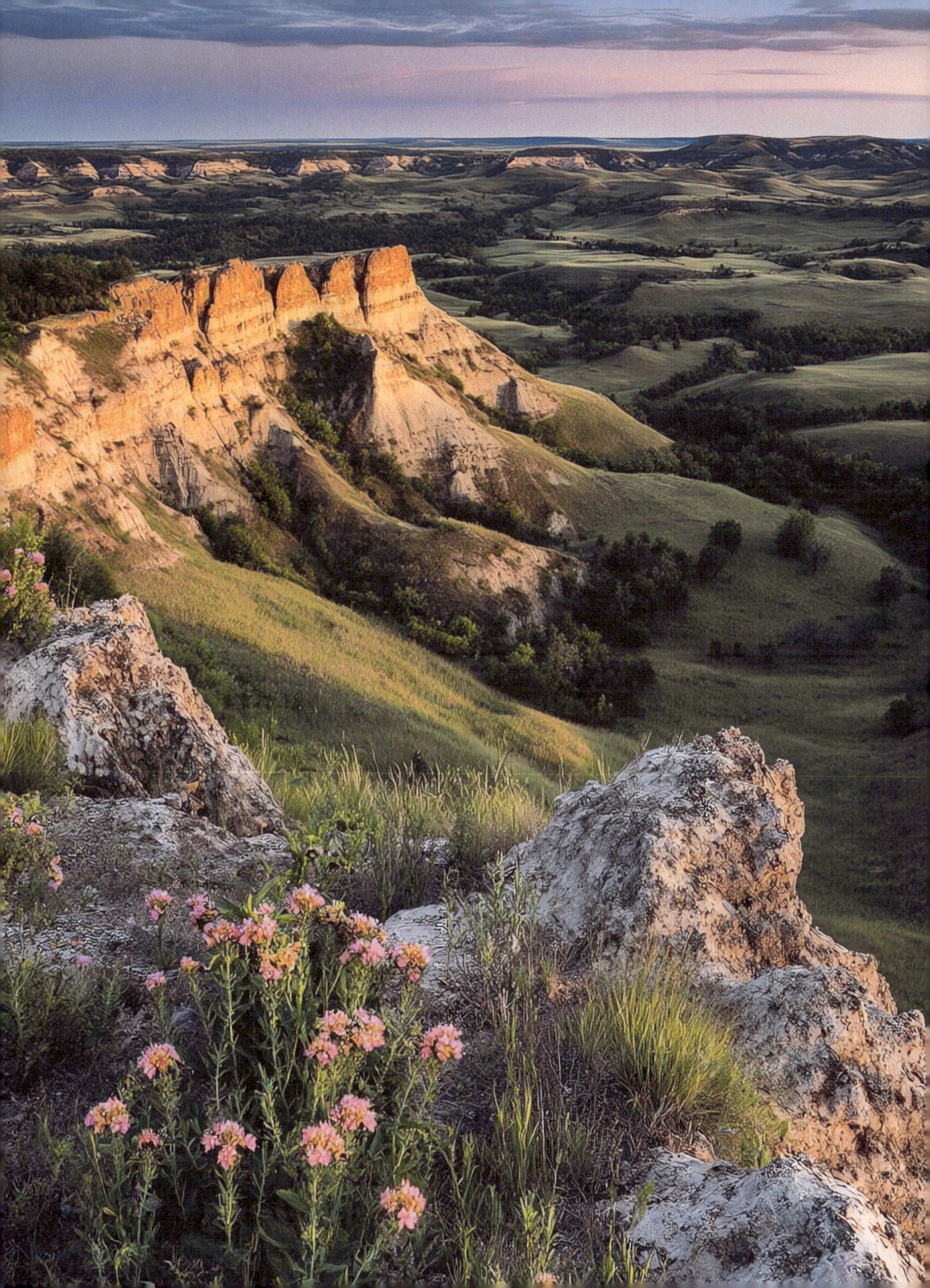

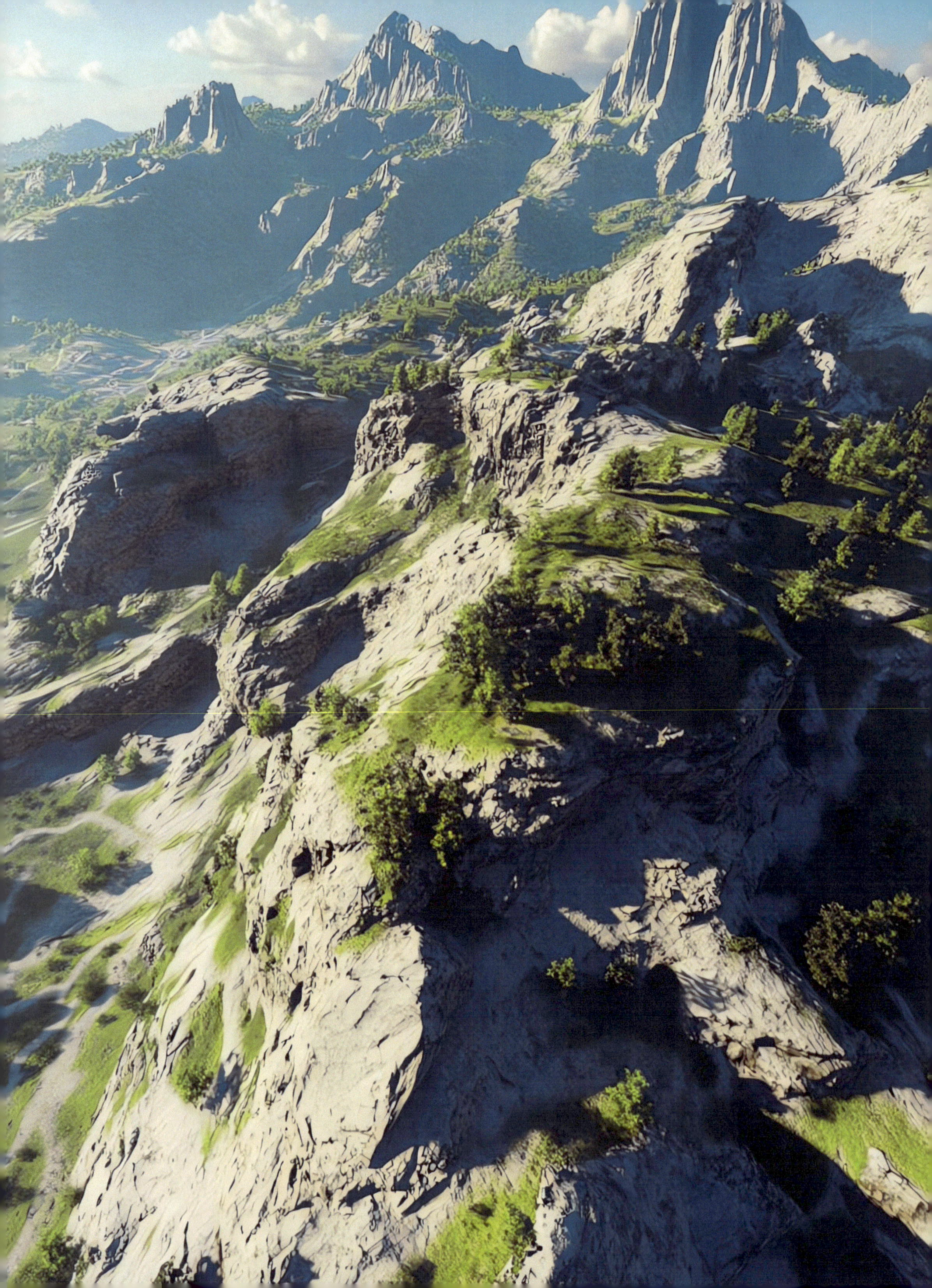

www.ingramcontent.com/pod-product-compliance
Lightning Source LLC
Chambersburg PA
CBHW040438220526
45473CB00004B/1467
* 9 7 9 8 3 0 0 9 6 4 9 0 0 *